办一所充满幸福感的学校

幸福感

的学校

周云燕 著

一所学校最大的成功，
是学生放学后依然"黏"在校园

一所学校最强的魅力，
是学生学完后依然"留"在课程

一所学校最美的承诺，
是师生幸福后依然"乐"在其中

一所学校最好的赞美，
是社会惊讶后依然"念"在此地

不凡『小叙事』演绎的治校『大格局』

文汇出版社

周云燕，民办上海上外静安外国语小学校长。全国模范教师，上海市语文特级教师，上海市"四有"好教师（教书育人楷模）提名奖，上海市"双名工程"小学语文名师基地主持人。上海市特级教师特级校长联谊会副秘书长，上海市特级教师公益讲坛特聘讲师。

著有《上海名师课堂——小学语文周云燕卷》，主编《云林秀色——小学语文名师基地丛书》《基于移动互联网技术的小学生即时评价》。

序 一

教育,要以学生的幸福为核心价值

尹后庆

近些年来,在对教育工具性、功利性价值的理性审视和对教育本质问题的深度追问中,"幸福"越来越成为考量学校教育价值取向的重要维度。在"幸福"的视野里,教育与幸福有着天然的内在联系,这也就意味着,无论人们如何认识和理解教育,或赋予什么样的价值使命和价值追求以改革教育,教育归根到底要回归于人、回归于学生的幸福成长。这是教育的终极关怀,也是教育自身的价值本体。从这种价值认定出发,幸福应该成为教育的本质和追求,任何层面的教育,归根到底都要以学生的幸福为核心价值。

在我看来,从幸福的视角审视和改革教育,既符合学校教育的本质要求,也契合教育发展新时代的价值内涵,对于消弭教育的工具性、功利性推崇,以及由此带来的全社会"教育焦虑"有很强的现实意义。但是,以"幸福"的视角改革教育,绝不能仅仅停留在理论或者理念层面,而是要落实到学校整体改革发展的设计与实践之中,成为贯穿学校办学和人才培养的核心价值。

上外静小是我非常熟悉的一所学校,学校的办学历史尽管不长,但是特色鲜明。近年来,在校长周云燕女士的带领下,学校立足实际,科学厘定办学使命,持续推进课程、教学乃至学校文化的系统变革,特别是他们紧密围绕静安区经济社会和教育发展的整体定位,提出和践行创办一所充满"幸福感"的学校的目标,不仅为学校人才培养打上了鲜明的烙印,也让学校整体改革发展有了贯通的主线。这本《办一所充满"幸福感"的学校》,正是周校长和上外静小全体师生孜孜以求追寻特色办学之道的生动展现。

细品全书,我有三点鲜明的感受。其一,本书写作的站位高。本书从对教育本质问题的追问出发,立足于新时代深化基础教育改革的宏观背景,从打造高质量学校人才培养体系的高度,全面系统地阐述了具有"幸福感"学校的一系列理性认知与实践探索,以个性化的方式回答了新时代学校教育"培养什么人""怎样培养人"的现实问题。其二,本书写作的系统性好。本书运用现代学校治理的思维,从课程建设、人才培养、教师队伍专业成长等维度全面呈现了建构"幸福感"学校的思路和体系。以系统思维,从政策条件、日常管理、特色文化和家校合作等角度,探索了"幸福感"学校的建设保障机制。以打造"幸福感"学校为主线,将学校整体发展的各个元素进行了系统性展现。其三,本书写作的可读性强。本书立足于学校个性化的实践探索和校长日常的观察、思考,既有理性的思考,更有大量真实故事的展现,通过讲述"小故事"折射"大道理"的方式,深入浅出地论述了"幸福感"学校为什么、是什么,以及怎么办的系列问题,能够引发读者的阅读兴趣和内心共鸣。

我曾经多次与周云燕校长沟通交流,也曾在学校亲身体验和感受师生的幸福生活,每一次交流和体验,都给我留下了深刻的印象。当前,上海教育正积极谋划和践行"十四五"期间的发展战略,这种战略的达成,既需要宏观层面的顶层设计,也需要每一所学校扎实而有特色的校本探索。在打造具有"幸福感"学校的实践探索中,上外静小用自己的智慧和努力呈现了新时代高品质基础教育应有的价值和内涵,正是因为有了这种持续不断的探索和积累,新时代公平而有质量的教育才有实现的基础,立德树人的教育根本任务才有更好落实的可能。

衷心期待上外静小在今后的发展中取得更多更好的办学成效。

（本文作者为上海市教育学会会长、教育部基础教育课程改革专家委员会副主任委员、第十届国家督学）

序 二

多维度构建幸福学校的
实践探索与创新

郅庭瑾

幸福是教育育人的重要出发点和核心价值目标。为学生营造充满快乐和幸福体验的学校环境，是促进德智体美劳五育融合，塑造健全人格，进而实现每个人的幸福人生的关键路径。早在 20 世纪 40 年代，陈鹤琴先生提出的"活教育"理论体系，便蕴含了"快乐教育""愉快教育"的思想，其核心在于为学生提供幸福的学习空间，实现学生的幸福成长。

幸福教育的内涵在于基于每个学生个性的差异和兴趣的发展，通过鼓励引导的方式，更好地发掘学生的潜能，培养不同学生的素养和能力。"幸福教育"既遵循当下学生核心素养提升的基本规律，也符合新时代教育高质量发展的核心理念。在促进学生幸福成长的过程中，同时也实现了学校、家庭和社会共同的育人理想、目标与需求，可谓办人民满意教育的最深刻价值和全社会的一致追求。

幸福教育的实现是一个系统的工程，需要政府、学校、教师、学生等相关主体的分工协作。政府应扮演导向者的角色，以政策、制度和资源配置等为抓手，设置幸福教育的方向与目标；学校是幸福教育实现的核心阵地，应通过课程的完善、教育教学行为的优化，为学生营造幸福愉悦的成长环境和学习时空；教师是幸福教育的主要践行者，应注重教师职业幸福感的提升，以教师的幸福教育理念认知为前提，让教师将更多的幸福传递到学校育人的全过程；学生是幸福教育的主体，应尊重每个学生的个性和差异性，让教育教学适合每个学生的成长与发展。概而言之，幸福教育的实现，需要学校、教师、家长等相关主体多方合力、协同参与，共同构建实现幸福教育的专业共同体。

本著作聚焦幸福教育,从幸福、幸福教育、学校教育与幸福的关联等核心概念入手,围绕如何建设更具"幸福感"的学校这一核心问题,搭建了自成系统的理论基础和分析框架。针对充满"幸福感"学校的创建,从课程建设、学生成长、教师发展、系统变革等不同维度展开论述。针对不同的主体和主题,全书围绕学校教育教学的核心问题逐一铺陈展开:第一,课程建树是"幸福感"学校的建设基石,从指向幸福的课程理念,支撑幸福的课程体系,浸润幸福的特色课程等具体层面,对学校课程如何助力"幸福感"学校的创建进行详细论述;第二,学生成长是"幸福感"学校的生命激扬,将学生立场作为基点,育人体系作为支点,各类特色活动作为亮点,构筑起了幸福学校的完整场域;第三,教师唤醒是"幸福感"学校的持久力源,从生命意蕴认知教师幸福,靠专业发展成就教师幸福,以温情对话升华教师幸福三个方面,对教师的幸福感的内涵、培养和提升进行了全面论述;第四,系统变革是"幸福感"学校的综合保障,从时代和区域的宏观背景与政策,日常与微观管理的制度与行为,到学校文化变革的历程与践行,再到优化资源、家校协力,对实现幸福学校的保障系统进行了完整呈现与纵深描述。

本书从一位校长的视角,聚焦一所"幸福感"学校的创建,将"幸福"这一无比美好且令人向往的教育理想,融入到学校教育教学和实践活动的全方位、全过程、全要素,致力于培养身心愉悦、热爱学习、热爱学校、热爱社会的新时代幸福儿童。全书对幸福、幸福教育、幸福与学校教育关系的论述,对基于多元主体构建"幸福感"学校的实践探索的阐述,尤其是蕴含于这些认识和探索之中的治理新思维与新境界,洋溢在通篇的观点和词句中的著者——即校长的满满职业幸福感,对当前教育实践和改革所迫切需要的回归教育本位,顺应教育规律,进而优化育人理念,改善教育生态,宛如一股清流、一道亮光,具有难能可贵的借鉴价值和启发意义。期待更多的校长能够远离功利,远离浮躁,在沉心静气享受育人之乐的同时,引领校园成为学生学习成长的精神乐园,让学校成为孩子幸福成人成才的动力之源。

是为序。

（本文作者为华东师范大学教授,教育部中学校长培训中心副主任）

CONTENTS | 目 录

引　言

在教育洞察中跃升学校
治理的新境界

　　每一个清晨，当第一缕阳光升起的时候，我都会穿过静安繁华的街区，早早来到学校，站在校门口，微笑地迎接每一个孩子。每一次，当我看到孩子们向家长挥手告别，转身自信愉悦地迈入校园大门的时候，我都觉得这一刻是学校最美的风景，这一刻也是我作为教育工作者最大的幸福。

　　这样的日子，一天又一天，一年又一年。蓦然之间，我已经迎送了一批又一批的孩子，成了孩子们心中可亲的"燕子校长"。随着时光的流转和年龄的增长，我不但没有感觉到疲惫倦怠，反而更深刻地体会到幸福的积淀、发酵，如同芳香的美酒沁人心脾，让我流连忘返，沉浸其中。

　　我知道，这就是教育的魅力，这就是我想要的幸福。

　　校长承载着学校改革与发展的重要价值使命。现代教育的急剧变革赋予了学校管理和校长行为更多的内涵和要求，作为校长，要通过高度的、持续的转化发展打造学校特色，提升学校办学品质，回应社会对于公平而有质量的教育需求。在这一过程中，需要的不仅是校长的情怀，更为重要的是校长的办学治校理念与方略。

　　对于学校发展而言，校长的思想引领是最为关键的。纵观当下对于校长专业发展的相关研究，不论是采用怎样的框架体系，生成了怎样的校长专业素养模型，其中共性的认识都必然是突出强调了校长的思想引领，认为"思想理念是校长的灵魂"[1]。校长的教育思想是校长基于对教育规律和教育价值的认识，在实践过程中所形

---

　　[1]　马随成.校长需要练就三种基本功[J].中国教育学刊,2020(12).

成的对"什么是教育、为什么办教育、怎样办教育"等问题的回答。校长的教育思想具有时代性、情感性、专业性和草根性等特点[1],不仅是校长实现自身专业成长的重心和方向,也是持续引领学校发展,促进师生生命绽放的重要依靠。

校长的教育思想集中表现为办学治校的理念,这种外显性的表达与规范,对于学校发展、师生发展有着更为直接的激励、引导和约束价值。对于学校的改革发展而言,理念不仅可以指出道路,而且可以把教师、学生、家长、教育管理者连接起来,就像织物中的线一样,包含着相互交织的领导职责和道德义务[2]。学校管理实践表明,校长办学思想的深化、课程改革的推进、人力资源的开发、学校治理的创新、领导效能的提升,都离不开价值理念的引领。没有价值内涵的学校、缺乏理念渗透的校园,在一定意义上说,只能是一间"学店",使学校处于"文化荒漠"之中,既不能实现学校的创新发展,也难以实现学校育人的价值使命,在这种状态中开展教书育人工作,"教育将变成训练机器人,而人也变成单功能的计算之人,在仅仅维持生命力的状况中,人可能会萎缩而无法看见超越之境"[3]。因此,校长在领导过程中,应该在树立共同愿景的前提下,把学校领导从管理、控制层面发展到价值、理念层面,使学校所有人员以不同的方式向着共同的目标努力[4]。

不论是校长的教育思想,还是办学治校的理念,无疑都是具有重要价值的。但是,与之伴随而来的一个现实问题就是校长办学治校的理念由何而来?在正统的校长专业发展体系中,校长的办学理念主要来自两个部分,其一是理论的学习,特别是教育学、心理学、管理学等方面的理论学习,这种理论学习被认为是校长办学理念形成的认知基础;其二是校长的办学实践,因为理论与实践是无法割裂的,任何的理论都源自实践并且需要经过实践的检验。由此,校长应该注重从办学实践中通过主动的反思提升形成具有自身个性品质的办学思想。这两种路径构筑了现代校长专业成长的主要路径,但是在我看来,不论是校长办学治校理念的形成,还是其整体性的专业成长,都是一个连续的、生动的、开放的过程,应该是在与办学治校实践的丰富互动中不断建构的,应该是通过校长持续的自我

① 田爱丽.校长教育思想基本特性及形成路径分析——以几位苏浙沪名校长办学思想为例[J].中国教育学刊,2012(2).
② 冯大鸣.沟通与分享:中西教育管理领衔学者世纪汇谈[M].上海:上海教育出版社,2002.
③ 雅斯贝尔斯.什么是教育[M].北京:三联书店,1991.
④ 徐金海.中小学校长领导伦理审视[J].教育研究,2017(11).

反思形成的。

从某种程度上说，学校的管理，校长的工作，师生的成长，都是由一个个鲜活的故事串联成的，这些故事体现了学校教育的独特性、生动性、丰富性，也为校长建构自己的教育思想、教育理念提供了先天的基础。对于任何人的成长而言，故事都有重要的价值，因为它是人类生活经验的基本表达方式。人生经验具有鲜明的故事特征，我们的经历就是故事，有人、有事、有场景、有时间、有感受、有思想、有意义。在一定程度上，人生就是故事，人是在故事中成长的[①]，从这个角度出发，一个优秀的学校管理者应该善于讲述学校中的管理故事，也应该善于从身边的故事中总结提炼自己的管理经验和理念。不论是对于学校发展而言，还是对于校长成长而言，故事中充满理念，理念中蕴含故事，这都是一种常态。空洞地阐述理念是一种乌托邦式的说教，而学校管理实践中鲜活的故事最能够打动人心，并让人记忆深刻。所以，学校管理者凝练和传播学校理念的最好方式就是讲述一个个真实的管理故事，而讲述故事也能够促进校长不断反思并优化自己的管理实践[②]，生成办学治校的新思想、新理念。

对我而言，学校真真切切是一个充满故事的地方。

在我办公室的书柜里珍藏着一本特殊的"书"，这本书不是名家的论著，也不是历史久远的"孤本"，它甚至没有作者，没有出版社。但是在我眼中，在我心中，它是最为独特最令我感动的一本"书"。这本书的编者是我校一位毕业学生的家长，她对学校的发展特别关心，经常到学校里来了解学校的情况，也时不时地给我们提出办学的建议。一天，她带着这本特殊的"书"来到我的办公室，说要送我一个"神秘的礼物"。当我接过这本书的时候，我着实惊讶了一下：在这本特殊的"书"中，这位有心的家长把 2014—2018 年近五年间社会主流媒体对我们学校的公开报道进行了整理汇编，共计 53 篇主题各异的新闻报道占据了近 200 页篇幅。这位家长不仅找到了报道最初的出处，附上了照片、图片，还按照一定的主题对报道进行了汇总归类，《成长"大团聚"：学生当主角　家长做义工》《欢乐小脚丫　走遍五大洲》《长于外语　优于文化　乐于成长》《幸福地做自己　勇敢地往前飞》等一个个主题鲜明的报道不仅让我回忆起了学校发展的往昔岁月，更让我沉浸在了无比清晰的喜悦和感动之中。说实话，我作为一名校长，都没有想过

[①]　鞠玉翠.用叙事的方式爱教育智慧——教育哲学的一种研究方式[J].教育研究,2017(5).
[②]　汪正贵.如何讲好学校管理故事[J].中小学管理,2019(6).

要把每年社会对于学校的公开报道进行整理汇编,而一位普通学生的家长却能够想在我的前面,给了我这样一个意想不到的惊喜。我问这位家长,是怎么想到要送我这样一个礼物的,我至今还清晰地记得她的原话:"我完全是有感而做,我感觉到孩子在这个学校过得很快乐,很幸福。作为家长,我们也觉得很满足,很自豪。我时常关注媒体对于学校的报道,每次看到,对学校的欣喜和感谢就更多一分,我把这些报道编辑在一起,就是要表达我们作为家长对于学校的感谢,也希望这份特殊的礼物能够见证学校越来越好的发展。"

无独有偶,在我的办公桌上,一直放着一封特殊的来信,这封信的题目叫《我眼中的"燕子校长"》,写信的是我校一位三年级孩子的家长:

我眼中的"燕子校长"

在很多来不及演绎、来不及回顾的时候,我作为一名小学生的家长,已经陪女儿在上外静小度过了整整三年。这三年对于自己的孩子来说是一种蜕变和成长,而于我而言,则是让我更多地体会到作为上外静小的家长在学校里是如何被尊重,如何被理解,如何被看作教育之路上的朋友的。

"燕子校长"这个称呼,是我在某一个清晨的校门口,从一位同学的问候中听到的,孩子收到的是她温柔的笑靥和温暖的回应,而她便是我们的"燕子校长"。

如果说校长是一个学校的灵魂人物,那"燕子校长"更像是一位有战略性前瞻性的行业内领军人物。她提出"建立一所有幸福感的学校",而"幸福"二字一定是自我满足的情感升华。对于本校这些六到十一岁孩子们的幸福而言,也许是小到每周的一顿西式午餐,抑或是通过努力得到的阳光下午茶券的快乐;大到亲自挑选的书籍寄给学校赞助的乡村图书馆,抑或是英语节舞台上的自我展示。

上外静小孩子们的"气质"就是"燕子校长"一直主张的"看世界,做自己"。"看世界"不是一场简单的假期环游,也不是为了名胜古迹前的留影纪念,而是从书本里、从微课堂上、从旅行中体会知识和风景之外的眼界。"做自己"则是扩展眼界后,于近处,设定一个小憧憬,树立一个小目标。于远处,计划一个学习方向,培养一个可以伴随终生的兴趣爱好,而这便是一种自我素养的修为。

上外静小有二十多个非学科社团,从手工木匠制作到乐器弹奏;从整本书阅读计划到实操烘焙,这些让孩子们以一个成人角度去体验生活的颜色和味道。

微课堂更是深得孩子们喜爱和家长们赞赏的社团活动。"燕子校长"设置的"微课堂",是由每一位来自不同社会角色和职务的家长给孩子们上一堂别开生面的课程。"微课堂"给了家长们一张三尺讲台,同时也让家长们体会到作为老师的幸福与辛苦,还能察觉和发现孩子们在书本外的兴趣与爱好。"非遗走进校园之马桥手狮舞""初识污水处理""沪语童谣""风靡世界的咖啡文化",这些书本之外的世界在每周给孩子们打开一扇门,尽管只有四十五分钟的短暂时间,但有可能无意间击中了某个孩子的好奇之心,也有可能为某个孩子开启了一个新的小梦想。

每一年的新年,很多孩子一定会收到来自"燕子校长"亲笔回复的新年卡片,上面会针对性地写出对每一个孩子的鼓励、祝福和与孩子精彩互动的瞬间回忆。她可以牢记每一位送给她卡片的孩子姓名,是调皮的、是伶俐的、是倔强的,还是害羞的。

而在新年的时候,我们作为家长也会成为代表和"燕子校长"一起来一场氛围轻松的茶话会。谈孩子的性格塑造、爱好培养、家庭教育理念以及家校需要共同建设的活动项目构思。在与"燕子校长"的沟通交流中,最让我印象深刻的是她对敏感害羞孩子的解读。她说道,敏感害羞的孩子不是因为不勇敢,不是因为怯懦,是因为能够比别人更能去在意自己是否对他人产生不好的影响,在意他人是否觉得自己能够面对问题。敏感和害羞反而是一种智慧和修养,在家长和老师的鼓励与引领下,这些孩子反而可以在展示能力方面大胆提升自己却又不失去自我约束能力。这种看法对于家长来说是一次新的教育认知,让我们也充满了自信,找到了教育方法。

于此,学校也设置了家长沙龙活动,从学习教育和心理教育两方面,设置了不同年级的家长需要了解的不同教育内容。而沙龙的主讲者依然是来自我们家长群体的自荐者。每次沙龙活动,感觉我们都变成了被学校盛情邀请来的朋友,根据需要选择话题,向这些优秀的家长们请教与学习。这种跨越年级、跨越职务、跨越陌生感的交流形式,也让我们把学校当作了自己的心理课堂。

"燕子校长"注重对美的认识和培养。她提出美不止是艺术的、建筑的和色彩的,而是一种对生活充满善意的认知和选择。

春日里,校园开展书香气息浓厚的梅花节。春茶绿水梅花香,舞文弄墨赏诗画。主持人也是来自家长群体,家长可以陪伴孩子一起体验传统文化。夏末傍晚,开展高雅简洁充满小众视觉的草坪音乐节。"燕子校长"营造的音乐节,不是乐器表演的炫技,而是展现对音乐的热爱和体验。台下她会和前来观赏的家长们浅谈艺术,聊一聊时下不错的话剧和艺术展。冬日暖阳的午后,学校会邀请家长们体验期末的课堂教学,了解老师的教学工作和孩子们的课堂表现。

我们与学校的互动,从陌生到放松再到主动。在与"燕子校长"的交流中,我们甚至忘却她是一位校长,而是我们家长的一位朋友,一个生活里的姐姐。我们的孩子在每一个清晨都是迈着快乐的步伐,嘴角都有上扬的微笑,我们看着他们的背影,看到的即是幸福。

上外静小真的很小,小到没有空旷的视觉体验。但是上外静小真的不小,它给了孩子们饱满而富足的少年时代生活,也给了我们家长一片明朗又靓丽的蓝天。"燕子校长"会给焦虑的妈妈读上一首安静的小诗,给需要安慰的孩子写上一句鼓励的话。在家校互动中,让我们了解了学校,理解了老师,读懂了孩子。

老子《道德经》里曾经讲述,为人处事稳重而沉静,稳重是轻浮的根本,沉静是浮躁的主宰。不离于生荣观的根,如此才能长久享用荣观之利。居荣观,思其源;享其果,不忘复予其根,是谓"虽有荣观,燕处超然"。这便是我们所尊敬的"燕子校长"的真实写照。她让孩子和家长们都成为了实实在在的静小人,让家长们在焦虑的教育心态中,找到方向,看到天地,看到四季,看到人间。

小爱妈妈

我把这封信放在书桌上,并非是为家长的赞美而沾沾自喜,我是想通过这封信时刻提醒自己在办学治校的道路上要继续努力,对得起孩子的成长,不辜负家长的期望。

这样的特殊礼物,这种主题的来信,在我的教育生活中经常会出现,它们同其他的一些人、事一起,构筑了我丰富生动的学校管理生涯,其中一个个的故事既经常会引发我对教育的思考,也在不断充盈着我的教育思想。通过叙事和反思的方式,寻找一个个故事背后彰显的学校管理理念,一直是我的心愿,幸运的是,我终于能够通过自己的努力将这种愿望一步步推向现实。

从当前国内外教育改革发展的现实情况看,透过叙事的方式反思和提升教育理念,正在成为一种促进教育工作者专业成长的流行方式。一般而言,叙事包含着个体层面、社会层面的基本结构性经验,是个体乃至人类的一种知识组织方式和基本的思想模式。通过描述个体生活以及对个体生活故事进行解构和重构,叙事研究获得了对个体行为与经验的解释性理解,发现了隐匿于个体日常生活中的意义。正因为如此,叙事研究方法已经广泛应用于人文科学。讲教育教学故事、做教育叙事研究已成为我国教育领域的一道靓丽风景[1]。作为一种独特的研究方法和成长方式,教育叙事研究不是研究者对教育活动的外部旁观,不是不深入实际教育活动的研究者所进行的蜻蜓点水似的问卷调查,也不是从理论规定出发所演绎的教育规范。因此,它不指向理论建构,不指向范围广阔的教育现象,而聚焦于日常教育活动,即一个个具体的教育事件,力图通过对教育事件的感悟、剖析与解读,揭示其蕴含的教育意义,获得、积累教育经验[2]。

从根源上看,叙事起源于文学创作领域,但是在教育的语境中叙事,无论所叙何事、如何叙事、为何叙事,都离不开教育之经验改造与重构的使命[3]。经验的显现与诠释是教育工作者经验重构的必要环节,从一个个鲜活的故事中寻找和凝练教育工作的哲学思考,不仅是校长专业发展的重要方式,也是新时代教育改革发展背景下持续性推动学校内涵发展的必然要求。

当前,我国各级各类学校正处在深化改革的过程中,这个过程中的一个重要指向是推进学校治理体系和治理能力的现代化建设。这种指向是由党的十八届三中全会所确立的全面深化改革的总目标所决定的,也是由深化教育领域综合改革的现实目标与要求所决定的。在实践层面上,推进学校治理能力的现代化虽然有着积极的探索,但从总体上看,无论是推进的广度还是力度,都还存在很

① 傅敏,田慧生.教育叙事研究:本质、特征与方法[J].教育研究,2008(5).
② 赵蒙成.教育叙事研究的优势与规范[J].湖南师范大学教育科学学报,2014(6).
③ 鞠玉翠.用叙事的方式爱教育智慧——教育哲学的一种研究方式[J].教育研究,2017(5).

大的提升空间,制约甚至阻碍推进学校治理能力现代化的种种因素还较严重地存在[1]。作为一种新型的学校管理观,"学校治理"是对传统"学校管理"的超越,它更加强调学校内外部关系的协调,关注以多元主体的"共治"谋求学校整体运行的"善治"。更为重要的是,推动学校治理体系和治理能力现代化建设,呼唤的是学校内外部各项事务从理念到实践层面的深层次重构和转型。正如有研究者指出的那样,新时代学校治理在教师素质、课程领导观念、教育理念、家校合作、学校宣传和危机处理等方面存在诸多挑战。这就要求中小学校既要主动适应新时代教育发展的新趋势、新特点和新需求,又要直面问题,破解难题,采取诸如加强教师队伍建设、提升学校课程领导力、加强德育和思想政治教育、重视家长教育、主动宣传、加强舆论引导等有效措施,以完善学校治理,提升治理效能[2]。

从学校管理到学校治理,改变的不仅是话语表达方式,更重要的是要系统地把握学校治理的深层次理念和要求,也要根据治理的理念重新思考和设计学校的办学哲学,变革学校的办学行为。在这一过程中,校长要首先实现理念和行动的转型,而在我看来,这种转型不是自然而然发生的,必须要植根于学校办学的实践,必须要结合学校教育生活中人和事的系统思考。从这个角度出发,在推动学校治理变革的征程中,依托叙事的方式不断调整和创新学校治理理念,应该成为学校管理者普遍掌握的专业成长方式,成为学校改革发展的重要依托和载体。

我任职的民办上海上外静安外国语小学创办于 2002 年 9 月,2003 年学校被原上海市人事局命名为"上海市海外归国人员子女就读定点学校"。历经近20 年的发展和积淀,上外静小业已成为一所办学声誉良好的民办小学。"办一所充满'幸福感'的学校"的教育追求与办学成效,得到了同行、家长、社区的广泛认可。近几年,学校优化顶层设计,充分关注学生需求和时代要求,注重办学内涵发展,不断提升办学的整体实力。2013 年,学校成功入选首批上海市民办特色学校项目,先后获得全国校园足球特色学校(教育部于 2015 年颁布)、全国攀岩特色学校、上海市首批民办中小学艺术特色学校、上海市家庭教育示范校等荣誉称号。2014 年,学校入选上海音乐家协会电子键盘专业委员会会员学校;2017 年,学校入选上海市民办中小学语文学科基地;2020 年,入选上海市民办中

---

① 张乐天.推进学校治理能力现代化:意义、重心与路径[J].复旦教育论坛,2014(6).
② 曹斌.新时代学校治理面临的挑战与对策[J].教育理论与实践,2020(29).

小学艺术学科基地；2021年，获得了上海市五一劳动奖章集体荣誉。2017年12月，静安区人民政府教育督导室对学校《办学发展规划（2013—2017）》执行情况进行了全面的督导评估。督导组认为，上外静小在本轮办学发展规划实施期间，相对应的评估指标达成度高，已成为上海市办学特色明显、有一定社会声誉、正积极走向教育国际化的民办外国语小学。

回溯学校改革发展的历史，尽管在不同的发展阶段我们有不同的总体目标和具体任务，工作开展的重心也有所不同，但是我们始终将"办一所充满'幸福感'的学校"作为我们的最高行动目标。2013年，我们第一次明确提出"办一所充满'幸福感'的学校"，这是学校在原有基础上求得高阶发展的自我认知和自我定位，是经过了家长、学生、教师的问卷、访谈、对话之后的共识，给学校所有人以方向感。2017年，静安区承担的教育部重点课题《深化教育个性化：发达城区提升学生核心素养的实践性循证研究》全面展开研究，鉴于我校的基础和特点，区域将我们确立为三个区本素养的研究单位之一，开展以小学生获得幸福能力培养为指向的教育路径与方式的研究——小学生幸福能力养成的实证研究。此研究成果获得静安区第一届教育科研成果一等奖。这一研究与我校的办学特色相一致，是我们一直以来孜孜探索希望给予学生的，有助于我们对于学校的实践做系统的梳理，对于学校课程与教学体系做出更为科学的顶层设计，做出更有深度与高度的提炼，从而促进学校的内涵发展，当然最重要的是让我们的学生在这个过程中，能够体验到学校与学习的幸福，积蓄应对未来生活的种种能力和素养。我们通过开展小学生幸福能力养成的基本内涵和要素研究，形成不同层阶的小学生幸福能力指标，探索基于幸福能力养成的国家课程的校本化实施路径，以积极心理学运用改进现有的学生评价方法，形成新的评价制度。更为重要的是，我们以此项研究为抓手，对创办一所充满"幸福感"的学校过程中的教育哲学、课程改革、学校管理、人才培养、教师发展、校长行为等进行了系统性的思考，形成了打造幸福学校的系统性认知与行为。

从某种程度上说，本书的写作也是对这一过程的阶段性回顾和总结，既体现了学校在赋予师生幸福力过程中的独特思考和探索，也彰显了学校在新时代教育改革发展中的智慧与担当。

第一章

办学寻向——教育与幸福的探索追问

故事

期待上班的老师和"黏"在校园的孩子

"办一所充满'幸福感'的学校"是我校的办学目标,也是我作为校长思考和开展工作的重要出发点。但是,很多时候,我也明白,幸福是一个比较抽象的概念,是一种内在感受的综合性表达,所以,对于老师和孩子来说,究竟什么是幸福,我感觉到确实很难评价。2021年年初,一个课题组到我校调研,他们随机访问的一些孩子、家长和老师,从课题组跟我的反馈信息中,我仿佛更加深刻地明白了什么是幸福。在调研访谈过程中,一位教师说:"从我的生活看,我最开心的就是能够每天来上班,在学校里,跟同事和孩子们在一起,对我来说就是幸福。我最大的担心,就是新冠肺炎疫情影响学校的正常教学秩序。我很期待每天上班的时光,甚至放学的时候我还会有些许的失落感。"很多学生家长反映,在学期末的最后几天里,学校推出了一项关爱学生活动,学生在某段时间内上午统一在校学习,下午可以选择回家自学或休息。在我和很多家长的预设中,多数学生应该会选择回家自主学习,毕竟比较自由,学习和娱乐也可以很好地兼顾。但是出乎我们意料的是,几乎100%的学生都选择留在学校里,他们宁愿待在学校也不愿回家看电视、玩游戏、吃好吃的。通过这两个信息我仿佛明白了,对于师生而言,一个让他们念着、"黏"着的学校,一定是一所幸福的学校。

如果说有一个词汇,几乎能够代表所有生命的期待,代表所有行为的追求,那么这个词汇毫无疑问应该是——幸福。人的一生都在追求幸福,但幸福究竟是什么? 这往往是我们苦苦思索而难以说清楚的问题。

有人说,幸福就是牵着一双想牵的手,一起走过繁华喧嚣,一起守候寂寞孤独;有人说,幸福就是陪着一个想陪的人,高兴时一起笑,伤悲时一起哭;有人说,幸福就是拥有一颗想拥有的心,重复无聊的日子不乏味,做着相同的事情不枯燥。而在我看来,只要我们心中有爱,我们就会幸福,幸福就在当初的承诺中,就在今后的梦想里,就在我们日常生活的点点滴滴。

幸福是人生的理想和追求,也理所当然地应该成为教育的本质与使命。

把握教育本质的幸福真谛

　　教育本质问题是教育学的一个首要问题,也是一个根本问题,它要回答的是"教育是什么"的原始性问题。教育学者对这个问题的理解直接影响他们对其他教育问题的回答和教育行动的设计。纵观教育的改革发展历史,不论何种教育改革政策的出台,也不论何种具体教育改革行动的设计,其背后彰显的都是对教育本质问题的独特理解和把握。

　　从我国的情况看,新中国成立70多年来,关于教育本质的认识始终是一个不断深化的过程,先后经历了"文化事业面向—经济面向—精神文明的文化建设和思想政治面向—社会事业面向"的复杂演变过程①,在这一过程中,人们对于教育究竟"是什么",教育究竟应该"做什么"等问题之认识不断深化,也不断科学化。在教育本质的问题上,经常可见的现象是仁者见仁、智者见智,不同时代、不同社会、不同的人,大家的看法都很不一致。其中的缘由在于,教育现象是一类比较复杂的社会现象,既包含着一些生理、心理的活动,也离不开一些社会文化的因素②,但是纵观近年来关于教育本质问题的解读,一个明显的倾向是越来越注重从"人"的视角,从"生命成长"的维度来解释教育,回归对于"人性"的尊重和张扬成为理解教育本质问题的独特视角。

　　如果从生命发展的视角来说,教育的本质可以概括为:提高生命的质量和提升生命的价值。教育对个体来说,提高生命的质量,就是使个体通过教育,提高生存能力,从而能够生活得有尊严和幸福;提升生命价值,就是使个体通过教育,提高思想品德和才能,从而能够为社会、为他人作出有价值的贡献③,同时使得个体在这种价值的实现过程中体会到更多的愉悦和幸福。由此,当我们从生命成长的角度审视教育的本质问题之时,教育与幸福的内在关联就能够清晰地

---

　　① 姚金菊.新中国70年关于教育本质的探索:回顾与展望[J].首都师范大学学报(社会科学版),2019(6).

　　② 石中英.回到教育的本体——顾明远先生对于教育本质和教育价值的论述[J].清华大学教育研究,2018(5).

　　③ 顾明远.再论教育本质和教育价值观[J].教育研究,2018(5).

显示,幸福作为教育的本质也就具备了法理上的可能。

一、幸福与幸福教育的内涵阐释

"幸福"是人类生活之中最习以为常的概念,但是从学术研究的角度看,"幸福"却又是一个极难定义的概念。也许是因为习以为常,也许是因为幸福关涉的要素过多,如何理解和阐释"幸福",显然不是一项轻松的工作。总体上说,由于幸福主要是一种个人主观感受或心理体验,因而学术领域对幸福内涵的说法不一。根据傅立叶(C. Fourier)的统计,仅在古罗马尼禄时期,就存在二百多种关于"幸福"的定义,而且这些定义本身不乏相互矛盾甚至有鲜明冲突之处。哲学家伊曼努尔·康德(Immanuel Kant)也曾无奈地感叹:幸福的概念是如此模糊,以致虽然人人都想得到它,却谁也不能对自己所决意追求或选择的东西说得清楚明白、条理一贯①。从当前的研究看,"幸福"不仅要满足个体的主观感受,还要用价值观和道德来审核。在经济社会快速发展和人的精神世界日渐富足的今天,对于"幸福"的理解显然应该跳出传统的"物质"局限,要充分认识到幸福的物质意义、心理意义和伦理意义②。

幸福的概念复杂,涉及的因素众多,那么从教育工作的角度出发,究竟应该如何理解幸福?简单而言,幸福可以被理解为人们对物质生活和精神生活状况的满足情况。在这种概念解释里,"物质生活和精神生活状况"是客观的,而满足感即幸福感则是主观的。幸福就是客观的物质生活和精神生活的状况和主观的满足感二者之间的有机统一。作为主观感受的幸福和作为客观存在的人的物质生活和精神生活之间存在互为前提的辩证关系:一方面,没有客观上的物质生活和精神生活的富足,人的幸福自然无从谈起;另一方面,缺少主观的积极参与和感知,缺少源自个体内部的愉悦体验,即便是物质生活和精神生活状况得到了极大改善,也很难谈得上是真正获得了幸福。对幸福的这一界定大大拓宽并加深了对幸福的理解。因为这里所说的"物质生活和精神生活"是全方位的,当然包括"合乎德性的实现活动",而满足感或幸福感的主要表现形式就是快乐。然而,这里所说的"快乐",不是短暂的而是长久的,不是肤浅的而是

---

① 周辅成.西方伦理学名著选辑[M].北京:商务印书馆,1987.
② 毛道生.幸福:学校教育的价值回归与实现路径[J].中国教育学刊,2017(12).

深刻的[①]。

除了物质和精神层面的解读之外,幸福往往还具有伦理层面的要求。从伦理的角度解读幸福,可以认为幸福除了需要有对物质和精神的感知之外,还需要以责任感和美德感为基础。因为人作为"社会关系的总和",必须把"小我"融入"大我"之中,在尊重和满足他人自由和幸福的过程中去获得自己的自由和幸福。也就是说,个人的幸福有时候不是孤立的,必须要建立在对人对己的道德伦理基础之上,对己对人都要负责是个体幸福的伦理前提。

教育与幸福有着天然的内在联系,无论人们如何认识和理解教育,或赋予什么样的价值使命和价值追求以改革教育,教育归根到底要回归于人、回归于学生的幸福成长。这是教育的终极关怀,也是教育自身的价值本体。从这种价值认定出发,幸福应该成为教育的本质和追求,任何层面的教育,归根到底都要成为"幸福教育",都要以学生的幸福为核心价值。

由于教育既属生活的过程和人特有的生存方式,又是帮助人通往可能生活的重要途径。所以,幸福教育便具有两层含义:第一,倘若把教育的活动过程视为可能生活的展开,那么"幸福教育"又可称为"幸福的教育",它意味着个体在教育过程中能够体验幸福,能够在其生命因教育而得以不断完善和优秀化的过程中,享受教育带给他的惬意;第二,倘若把教育视为帮助个体更好地寻求可能生活的途径,那么"幸福教育"即可理解为"为了幸福的教育"。它意味着通过改善个体生存和发展的外在条件,帮助个体提升创造、感受幸福的能力,引导个体过有价值的生活,并成为完整而丰富的人。由此看来,幸福教育不仅是以幸福为动力的真正的生活过程,也是通往教育生活以外的另一些可能生活的途径[②]。

综合上述"幸福教育"的两种理解维度,可以认为,"幸福教育"就是一种将幸福视为最核心和最终极的价值理念的教育。幸福教育是一种目的论,它不仅要让人们在教育过程中获得幸福,而且更要让人们终生充满幸福。幸福教育又是一种方法论,它将本体论与幸福论同认识论与技术论有机地结合起来,并将生命本体的幸福置于优先地位,从而让人们真正从灵魂深处来感受和获得教育。因

---

① 孟建伟.教育与幸福——关于幸福教育的哲学思考[J].教育研究,2010(2).
② 武秀霞.幸福·分享·教育——幸福与教育的内在关联及其实践关涉[J].现代大学教育,2012(4).

此，幸福教育就是一种目的论和方法论的有机统一，即让人们最大程度地既在教育中真切感受幸福，又在幸福中切实获得教育。"幸福教育"既契合教育的本质与归属，也符合当前教育改革发展对于"生命成长"的关照和尊重，理应成为包含学校教育在内的任何形式教育的核心价值追求。

二、学校教育与幸福的内在契合

教育与幸福有着密切的关联，幸福既是教育的依靠，也是教育的归宿。这种内在的契合性为学校建构指向于学生幸福的教育体系提供了理性的支持。然而，紧接着的问题是，学校教育是否能够承担起赋予学生幸福成长和教师幸福职业生涯的使命，这显然也是需要进一步思考和论证的。从笔者作为一名教育工作者的实践体验看，学校教育活动对于生命的幸福，特别是教育对象的幸福，具有多维度的价值与意义，这种价值和意义的存在，彰显了学校教育与幸福的内在关联，也让学校教育成就学生幸福成为一种可能。

（一）学校教育能够为人的物质幸福奠定基础

生命的幸福，尽管不仅仅源自物质的幸福，但是必然需要以物质的幸福作为前提和基础。从这个角度出发，我们在学校教育的范畴中谈论"人"，不应当是任意想象的抽象的人，而应当是"现实的人"。对于这些"现实的人"而言，不论是教师还是学生，"生产物质生活本身"是他们"第一个历史活动"。因此，谈论"人的幸福"，也不应当是空洞而抽象的，首先应当是人通过"生产物质生活本身"在物质生活上所获得的幸福。教育同物质生活的关系及其重要性，几乎众所周知。"生产物质生活本身"在很大程度上依靠知识、技术和技能，而知识、技术和技能的获得在很大程度上又依靠教育。

需要强调的是，在幸福教育的视野中，教育不仅关注知识、技术和技能，更关注人的全面发展；不仅关注人的谋生、就业和功利，更关注人的自由、解放和幸福；不仅关注将幸福的理念贯穿于教育的全过程，更关注将幸福的理念贯穿于劳动的全过程，其目的是使"生产物质生活本身"的劳动成为"真正自由的劳动"，成为吸引人的活动，成为个人的自我实现，从这个角度出发可以认为，学校教育能够"给每一个人提供全面发展和表现自己全部的即体力的和脑力的能力的机会"，让"他们在这个过程中更新他们所创造的财富世界,同样地也更新他们自身"[1]。特别是在"五育并举"的新时代学校教育体系中,对于学生劳动意识、劳动能力培养的重要性被提到了一个更新、更高的层面,教育从物质的角度关注学生的幸福生活有了更加现实的载体。

(二)学校教育能够为人的精神幸福拓宽空间

从根本上说,人既有物质生活层面的需求,又有精神生活层面的需求,与这两个层面的需求相呼应,人的幸福也可分为两个层面:一是物质生活的幸福;二是精神生活的幸福。相对于物质生活的幸福来说,精神生活的幸福则属于更高层次的幸福。当然,物质生活和精神生活两个层面的幸福是密切相关、相辅相成的:从某种意义上可以说,前者是后者的基础和支撑;后者则是前者的深化和升华。

怀特海对"教育的目的"做过这样的阐述:"我们要造就的是既有文化又掌握专门知识的人才。专业知识为他们奠定起步的基础,而文化则像哲学和艺术一样将他们引向深奥高远之境。"[2]在这里,已经涉及教育对人的物质生活和精神生活的双重意义。教育对于人的幸福的意义是全方位的。如果说,教育对于人的物质生活层面的幸福有着不可估量的重要意义的话,那么,教育对于人的精神生活层面的幸福的意义则更大并更加难以估量。从长远的观点看,教育对精神生活层面幸福的意义至少包括两个方面:其一,教育在培养一批又一批既有文化又掌握专门知识的人才的同时,也在不断改善和优化从事"生产物质生活本身"的劳动者的素质、生产方式和管理水平,使物质生产劳动越来越依靠知识和文化,越来越注重人的创造能力和创新精神,越来越关注人的精神世界,包括潜能的发挥和自我实现的理想,于是,物质生产劳动将越来越趋于人性化和人文化,从而让越来越多从事物质生产的劳动者在创造物质财富的同时也深切感受到精神生活的幸福;其二,教育在造就一批又一批既有文化又掌握专门知识的人才的同时,不仅不断改善和优化"生产物质生活本身"的"第一个历史活动",而且也在不断改善和优化整个人类的历史活动,使其越来越依靠知识和文化,越来越注重人的创造能力和创新精神,越来越关注人的精神世界的广度和深度,使越来

---

① 马克思,恩格斯.马克思恩格斯全集(第46卷)[M].北京:人民出版社,1980:226.
② 怀特海.教育的目的[M].北京:生活·读书·新知三联书店,2002:1.

越多的人专门从事精神和文化领域的生产,从而让他们在不断推进人类文明的同时也深切感受到精神生活的幸福①。

（三）学校教育本身就是学生体验幸福的过程

教育对人的幸福的意义,不仅在于未来,更重要的是在于现在;不仅要给人奠定物质生活和精神生活的基础,更重要的是要使人在教育的过程中真切感受到幸福的体验。从这个意义上说,教育在本质上不仅要展现人类生活的理想,更重要的是要展现人类理想的生活,让人们在这种理想的生活中学会如何追求幸福,如何感受幸福和如何幸福地生活。这种理想的生活具有以下几个特征:

一是很强的理想性。教育生活本身就是一种理想生活。它需要高于现实,引领社会,着眼未来,为未来社会造就一代又一代高素质的新人,因此,自然要体现很强的理想性,让未来生活的理想首先体现在现实的教育生活之中。这种理想的核心就是,最大程度地使人获得全面发展、自由、解放和幸福。

二是浓厚的文化性。教育生活本身也是一种文化生活。它将包括科学生活、道德生活、艺术生活等在内的整个人类文化生活融为一体,让人置身于浓厚的文化熏陶之中,从而用完整的文化哺育、培养和塑造全面发展的人,使人从文化生活中获得自由、解放和幸福。

三是崇高的精神性。教育生活本身又是一种精神生活。它让人在浓厚的文化氛围中,在不断发现外在的客观世界的同时,也不断发现内在的精神世界;在不断增长知识和才干的同时,也不断提高自身的精神境界,从而在使人获得全面发展的同时,也从心灵深处获得自由、解放和幸福。

总之,教育不仅给人以高品位的理想生活、文化生活和精神生活,而且给人以高品位的幸福及其体验。这种幸福及其体验对于整个人生有着极为重要而深远的意义。从某种意义上可以说,人的一生能否获得幸福,在很大程度上取决于其教育生活能否获得幸福;而人的一生所获得幸福的高度和深度,又在很大程度上取决于其教育生活所获得幸福的高度和深度。这正是幸福教育最深刻的意义和价值所在②,也应该成为当下学校教育改革发展最为重要的价值指向。对于小学阶段的学生而言,他们通过自身劳动创造物质幸福的能力和意

---

① 孟建伟.教育与幸福——关于幸福教育的哲学思考[J].教育研究,2010(2).
② 孟建伟.教育与幸福——关于幸福教育的哲学思考[J].教育研究,2010(2).

识尚不完全具备,他们对于精神世界的幸福体验也往往难以真正实现,由此,小学阶段要真正创办一所充满"幸福感"的学校,最为重要的是通过课程、教学、管理、文化等一系列的重构,让学校教育的过程本身生长成为赋予学生幸福体验的过程。

第二节 审视教育生活的幸福失却

对于幸福的关注，特别是学生的幸福，不仅是一个教育领域的问题，更是一个全社会普遍关注的共性问题。因为工作的原因，我经常会阅读一些公共平台上的关于"幸福"的话题，在最近的一段时间内，随着教育改革呼声的高涨，孩子的幸福问题越来越成为热门的公众话题，一些源自家长、社会人士的思考和困惑，往往也能够成为我们教育工作者推动幸福教育建构的重要起点。

在关于孩子幸福与否的言论中，普遍流露的是对当下生活中孩子幸福失却的困惑和担忧。一篇署名为"文儿"的网络文章——现在的孩子，跟我们那时候比，到底谁更幸福？曾经引发了我无限的思考：

> 没孩子以前，我常常回忆童年。我的童年是美好的，家在农村，课业不重，又有众多小伙伴相伴。我们一起比赛"蝎子粘墙"（倒立），一起去河里摸鱼，去坡上偷山楂。到了晚上就开始玩捉迷藏、"星星过河"，玩累了就围成一圈听老人讲故事……
>
> 有孩子以后，我费尽心思想给孩子打造一个美好的童年，却无从下手。环境不同了。可供他出门玩乐的大片空地没有了，即使有，出于安全原因也不会放任他玩。玩伴少了，玩具倒有很多。随着年龄增长，还会有越来越多的兴趣班辅导班，学习压力显而易见。我常想，现在的孩子，跟以前相比，到底谁更幸福一些？
>
> 从出门长见识看，现在的孩子更幸福。
>
> 以前条件不好交通不发达，孩子们轻易不出门，去赶趟集就很兴奋，再远点，去趟省城就觉得很了不起。现在不一样，想去哪了，提前准备一下，就可以出发了。远一点的，乘飞机也可以，香港迪士尼也是想去就去。孩子们可玩的地方也很多，除了家长们常去的风景名胜区，专为儿童打造的儿童乐园也是应有尽有。从这一点看，还是现在的孩子更幸福。
>
> 从接触自然的机会看，以前的孩子更幸福。

现在孩子接触自然的机会少得可怜。不仅仅是因为绿化面积小,即便小区里有绿地,家长也会因为怕脏而对孩子加以限制。现在的孩子玩过真正的泥巴吗?在傍晚约上小伙伴们玩过捉迷藏吗?在夜里打着手电筒捉过知了吗?这么说,还是以前的孩子更幸福。

从家长的关心呵护看,现在的孩子更幸福。

因为要的孩子少,现在的孩子个个都是家长的掌上明珠。也不像以前放任不管啦,也不粗暴打骂了,懂得给孩子"爱和自由"的家长也越来越多了。跟以前放羊式的养育法相比,现在孩子因为受到的关爱多,幸福度肯定比以前的孩子要高。

从课业负担看,以前的孩子更幸福。

说起课业负担,肯定是现在的孩子更重,压力更大。自从楼上邻居家的孙子上了小学,就再也没见他晚上下楼玩过。倒是时不时地听见他奶奶的责骂。听说已经给他报了辅导班。以前的孩子没那么大学习压力,童年生活几乎可以说是无忧无虑,现在孩子压力这么大,因为学业压力而忧郁的也不少。

你觉得,是现在的孩子幸福,还是以前的孩子幸福[①]?

无独有偶,对于"以前的孩子"和"现在的孩子"到底哪个更为幸福,社会上、家长中还有更多的讨论与对比:

比如,课余时间的安排。以前的小孩,课余时间是疯玩和帮家里干活。家里忙的时候,一个几岁的孩子都顶半个大人用了,干那些力所能及的事情。而不忙的时候,就可着劲地疯玩,捉鱼摸虾的,比如这个时候,正是捉知了的时候。现在的小孩,课余时间都是补习班加游戏机。家长对学习抓得紧,周末放假都要上各种补习班,但是孩子也并没有因此更加地努力,瞅到时间就想玩会儿游戏。

再如,课余时间玩什么。以前的小孩的玩具非常的简单,很多都是就地取材的,几个石子儿、一块泥巴、捉到了虫子也能玩半天,如果有了沙包和毽子、皮筋儿、弹珠之类的玩具,那是非常珍惜的。现在的小孩的玩具,不好说最常见的是什么,因为种类太多了。传统的、智能的,从婴儿时期的到十几岁的,每个年龄阶

---

① 文儿.现在的孩子,跟我们那时候比,到底谁更幸福[EB/OL].https://baijiahao.baidu.com/s? id =1598974346744183614&wfr=spider&for=pc.

段的玩具都很多。

另如,孩子的饮食。以前的小孩对于吃是最有印象的,吃一顿好吃的能够开心好长时间,多放点油都觉得好吃,也很少有挑食的。因为那时候的生活条件不好,所以人们也都不挑食。现在的小孩吃的东西非常丰富,一个孩子的口粮花费可能比一个大人多得多。各种精细的美食和零食,很多的孩子小小年纪就发福发胖了,就是和营养过剩有关系。

又如,孩子穿什么。以前的小孩很少会有新衣服的,有的人一直都穿大人的旧衣服改小的,从来就没有买过新衣服,一个季节换洗的衣服就那么一两套。常常有人穿着大得多的衣服和明显小了一号的衣服。这是因为衣服大点穿得久,而衣服小了依然没有别的衣服穿的原因。现在的小孩衣服多得穿不完,很多衣服穿个一两次就不再穿了。可能是因为不喜欢,也可能是因为还没有来得及穿就小了。

在我看来,不同时期的孩子都有属于那个年代特有的幸福体验,也没有办法笼统地比较以前的孩子和现在的孩子究竟谁更幸福。但是,透过上述话题和结论,我们能够比较明显地感受到,提升当今孩子幸福体验的往往主要是物质世界的丰富和生活条件的改善,而制约当今孩子幸福的因素则更为集中地体现在教育之上。换言之,原本应该以幸福为核心价值导向的教育却很多时候在无形之中成了消解学生幸福的"罪魁祸首",这显然是值得引起反省和思考的。

对于学校教育而言,在我们的认知中,幸福教育不仅是一种以幸福为导向的人性教育,更是一种以幸福为导向的生命教育。它对人的幸福的关注并不是浅层的,而是深刻的,直达生命最深处。它所倡导的不仅仅是一两门幸福的课程或者几种具有幸福意蕴的活动,而是学校倡导和提升学生生命幸福的整体性变革。当我们用这样的价值观来审视当下的学校教育,就明显地能够感受到学校教育与其应有的幸福追求之间还存在着清晰可见的"鸿沟",具体而言,学校教育中普遍存在的三种倾向导致了学生幸福的失却。

一、学校教育的"客体化"倾向制约学生幸福

人的生命具有独特价值和尊崇性,有别于其他生命体。学生属于"人类",具有"类属的生命"的价值和尊严。学生是具有主体性的活人,而不是被人操纵和

奴役的工具。如果不把学生视作"人",而仅仅视作"无生命"的教育工具和对象,就会犯教育的"客体化"错误。例如,把学生视为灌输的容器、分数的化身、学习的机器、涂抹的白纸、任意呵斥的对象、标准化的铸件、流水线上的产品、成人的面子等等,就是教育的"非人格化"作为。总而言之,教育是一个属人的世界,且是一个由现实的、具体的人构成的世界。因此,在人性论上,教育应实现从"抽象的人"向"具体的人"的转变,这已是许多学者的共识①。如果学校教育不能够从根本上树立起"具体的人"的意识,不能够充分关照学生生命成长的独特性、内生性、主动性,也就难以克服对学生教育开展过程中的"客体化""工具性"倾向,学校教育对于幸福的追求也就无法达成。

二、学校教育的"成人化"倾向束缚学生幸福

从"群体的生命"角度看,学生属于"学生"这一特殊的群体,即试图通过接受教育而走向成熟的"未完成的人",而不是成年人的"缩小和简化"。然而,在现实的教育中"成人化"错误倾向比较突出,这种"成人化"的思维在学校教育中的表现即为按照成年人的知识经验和思维水平要求学生。例如,在教学中希望学生"一教就会",在教育中希望"一谈话就改正",忽视儿童的天性和需求,对学生家庭背景和成长经历重视不够,等等。应该指出的是,处于小学阶段的学生,其生命成长、身心发展都有其内在的群体规律性,对于这种规律性的认识和尊重,有助于教师在设计教育教学活动时更加切合学生的身心特点和成长需要,而这种内在的切合正是学生生命幸福的重要保障。这也意味着,当我们用"成人"的视角看待学生之时,我们就在无形之中忽视了学生成长的阶段性特征,我们所设计和运用的教育方法就会远离儿童的现实情况。不把学生视作成长中并有着独特需求的儿童看待,仅仅用成人的视角把我们希望的元素强加给儿童,这是造成学校教育中学生幸福感消弭的重要因素。

三、学校教育的"同质化"倾向有碍学生幸福

由于环境、教育、学生本身的实践以及先天的遗传素质不同,学生不仅有年

---

① 李润洲."具体人"及其教育意蕴[J].清华大学教育研究,2013(1).

龄特征,而且存在着个体差异。关注学生个体差异已经成为我们在教育教学中的一个重要方面。教师在教学中必须充分考虑这些特征和差异,具体情况具体分析,采取不同的措施,做到因材施教,使每个学生的智慧、才能、兴趣特点都得到发展[①]。这也就意味着,尽管学生作为群体的"学生"而言,具有一些共同性的特征,但每一个生命个体都是独一无二的,他们的"个体的生命"与其他学生个体相比又具有特殊性。如果不承认人与人的差异,就会犯教育的"同质化"错误。例如,用同样的评价标准要求学生,作业的统一化,教学方式单一而无视学生学习风格的差异,用自己学生时代的经验简单类推,对同样的学生错误用同样的处理办法,等等。从当前的教育改革发展看,大量的研究都已经认识到,学生的个体差异、群体差异,不仅是一种客观的真实存在,也是一种重要的教育资源,在学习环境中把学生个体差异作为一种生态教学资源,是教育生态系统发生发展的基本条件,也是教育生态系统与社会生态系统进行物质、能量、信息交换的基本内容,这对于学生的个性化发展和社会化适应,尤其是情感、人际交往、自我认识的发展具有重要作用。社会发展实践证明,越是高度个性化的社会,它的整体力量就越强;越是缺乏个性的社会,其整体力量就越弱[②]。不仅如此,对于学生而言,只有认识到其个性化和差异性,才能够在人才培养、教育教学和日常管理服务的过程中真正充分考虑学生的个性需求,避免工作中的"一刀切"现象,也才能更好地关照到学生的幸福。但是遗憾的是,尽管我们在认知和理念层面或许已经树立起了对于学生差异性的认可与尊重,但是在现实的教育实践中,忽视学生差异与个性需求,强求教育一致性的现象依然屡见不鲜,这显然会在很大程度上消弭学生的幸福体验,导致学校教育中幸福的失却。

---

① 范雅静.根据学生的差异"因材施教"[J].中国教育学刊,2016(2).
② 程向阳,华国栋.学生差异资源的教育教学价值初探[J].教育研究,2006(2).

重构学校发展的幸福航路

不论是从教育的角度出发，还是从生命生成的维度审视，幸福都是一个内涵复杂的概念。但是，就学校教育而言，张扬教育的幸福价值，核心的任务就是打造充满"幸福感"的学校，以"幸福感"学校的建设重构学校改革发展的幸福追求。从某种程度上说，幸福教育就是办幸福的学校，做幸福的老师，培养幸福的学生[①]。学校是教育教学的专门机构，承担着教育生命个体幸福成长的任务。幸福学校应当是人本教育、智慧教育、和谐教育的摇篮，能够为学生的幸福成长提供给养。

一、幸福学校的共性目标与追求

不论以怎样的方式理解幸福、幸福教育和幸福学校，都无法回避教育体系中的两个关键因素，那就是教师和学生。从这个角度出发，任何形式的幸福学校建设，都必然蕴含着共性的目标与追求，那就是充分关照师生的幸福，亦即需要通过学校教育理念、路径、文化等的系统变革，提升教师的幸福感，培养学生的幸福力，最终帮助师生建构和享有幸福的学校生活。

(一)提升教师的幸福感

教师是学生成长的"领航员"，没有教师幸福就谈不上学校幸福建设，也培养不出幸福的学生，所以培养幸福教师是幸福学校建设的核心内容之一。

对于教师来说，幸福是"桃李满天下"的荣誉感和自豪感。幸福学校应该积极开展丰富多彩的教师活动，在活动交流中改变教师的幸福观念，树立教师的职业自信，培养教师的乐观心态。帮助教师与学生建立亦师亦友的和谐师生关系，提倡用赞赏的眼光看待课堂和学生，安排动静张弛总相宜的工作生活，常怀一颗感恩之心活在当下，与同事、家长和睦相处，在繁杂忙碌的工作中保持心灵、心理

---

① 杨九俊.幸福的样子[M].南京：江苏凤凰教育出版社，2014.

和生理健康的良好状态。

在培养教师"幸福感"的过程中,应该充分认识到教师职业的特殊性,认识到教师作为普通群体和教师职业特殊群体的"二元"特征,既要从物质、生活、身心健康等维度关照教师作为普通工作者的幸福体验,也要清醒地认识到,在很大意义上,教师的"幸福感"与其专业成长的程度、水平、过程等因素密切相关,要着力通过促进教师专业成长,提升教师的职业适应性来强化改进教师的职业幸福体验,为教师整体幸福感的提升奠定基础。从某种程度上说,幸福感是教师在教育教学活动中所产生的一种愉悦的心理体验和感受,而幸福感的获得离不开职业胜任力,因为职业胜任力是完成一项工作的专业底气,如果无法胜任本职工作,必然不可能在工作中体会到幸福感。因此,学校必须采取措施提升教师的职业胜任力,给教师增加底气,保证教师有着较高的职业胜任力。在工作中游刃有余,自然能够收获幸福感[1]。而显然,从现代教育改革发展的理念出发,要提升教师的职业胜任力,必须持续不断地促进教师专业发展,建构教师专业素养与其职业幸福、人生幸福的内在关联。

(二)培养学生的幸福力

自 20 世纪 50 年代以来,幸福感研究逐渐受到人们的关注,且呈现出两大研究趋向:一是主观幸福感(Subjective Wellbeing)研究,它关注个人对其情感及生活品质的整体评价;二是心理幸福感(Psychological Wellbeing)研究,强调个人在面临生活挑战时,所发展出来的一种追求有意义生活及自我实现的潜能[2]。尽管在研究取向上存在差异,但研究者普遍认为:幸福感并不是表面的快乐或享乐,而是一种积极的情感态度,是学生发展、美德形成、体现教育质量的基础,其本身具有重要的教育价值[3]。

在关于幸福感的研究中,作为教育主要对象的学生,其幸福感培养始终是教育研究和实践关注的重要领域。在这些关注之中,首先蕴含着一个基础性的问题,那就是学生的幸福是不是可以测量的,如果学生的幸福可以测量,那就可能

---

[1]　徐保周."幸福学校"的建设策略与实践探索[J].教学与管理,2020(9).

[2]　Pollard, E.L., P. D. Lee. Child Well-being: A Systematic Review of the Literature[J]. Social Indicators Research,2003(1).

[3]　孔企平,姚佩英.学生的主观幸福感具有重要教育价值——近年来"Well-Being"理论研究述评[J].全球教育展望,2013(11).

通过数据汇总和分析的方式找寻影响学生幸福的主客观因素,进而设计提升学生幸福感的有效教学策略。

如何界定幸福,如何测量幸福,如何提升幸福? 这是一个系统性的复杂问题,对于这一问题的探索,比较著名的是经济合作与发展组织(OECD)所开展的一项学生评估项目,也就是教育领域广为人知的 PISA 测试。PISA,即 Programme for International Students Assessment,是由经合组织开发和实施的一项国际学生评估项目,侧重对接近完成义务教育的 15 岁学生进行阅读、数学和科学素养的测评,并提供国际间的比较数据来描述学生的学习状况及教育政策绩效。值得注意的是,PISA 测试除了关注学生的学业表现外,还对学生的幸福感进行了界定、建构和统计分析。

以 PISA 2015 为例,PISA 2015 借鉴了幸福感研究的相关成果,试图在测试学生素养的时候,也能了解学生对生活质量的看法。因此,PISA 参照 OECD《美好生活指数》(Better Life Index)的测度方法,围绕客观指标(确保学生基本人类需求和权利的物质条件)与主观指标(即学生如何评价自己的生活、感受和情绪),将学生的幸福感定义为:"学生在快乐和充实的生活中所需的心理、认知、社会和身体的功能和能力。"从这个概念内涵看,PISA 2015 强调对学生幸福感进行多维度观测,其观测点指向心理、认知、社会及身体四个维度(参见表 1 - 1)。对于四个维度的指标内容,PISA 认为,每一个维度可以呈现独立的结果,也可被视作一个与其他维度相关的有利条件,最终都可与学生对其生活质量的总体评价相结合。

表 1 - 1: PISA 2015 学生幸福感调查的内容维度

维　度	内　容
心理维度	了解学生作为终身学习者、高效工作者和积极参与的公民,是否具备参与当今社会的技能和基础
认知维度	调查学生对生活、对学校投入的评价和看法,以及对未来的目标和抱负
社会维度	学生社会生活的质量,包括学生与家庭、同伴和老师的关系(积极或消极),以及他们对学校或社会生活的主观感受
身体维度	了解学生的健康状况、参与体育锻炼及健康饮食的习惯

PISA 的幸福感测试,为分析和培养学生的幸福感提供了很好的切口。但值得一提的是,即使是 PISA 这样的权威测试,也认识到幸福感本身的复杂性、易

变性,因而,PISA 对于学生幸福感的关注也呈现动态的变化。如 PISA 2018 将幸福感定义为人们的生活质量和生活水平,认为幸福感具有多维度结构,既包括客观和物质的部分,也包括主观和心理的方面①。两组概念界定的对比可以看出,PISA 2015 更关注幸福生活所需的能力以及对能力的教育投入,强调为学生未来幸福生活奠定基础,PISA 2018 没有将幸福感局限于能力的范畴,而是强调对学生生活质量与生活水平的全面理解。这一变化体现了 PISA 2018 对学生幸福感的认识更加深入,对全面提升学生幸福感的重视②。

从教育的角度看,关注学生幸福,不仅要关注学生当下的感受,也要通过教育的干预培养学生持久的感受幸福、创造幸福、共享幸福的能力,也就是要关注学生幸福力的培养,这就需要教育工作者一方面要了解学生幸福感培养的主要框架结构;另一方面,更为重要的是要充分认识到学生幸福力培养的重要价值和复杂程度,结合学校实际形成对幸福学校、幸福教育的个性化理解,并通过学校课程、教学、管理、文化等领域的系统变革,以提升学生的幸福力为核心指向,持续打造幸福学校。

二、幸福学校的个性理解与设计

打造幸福学校,既需要理论层面的认知,更需要实践层面的建构。每一所学校都有其不同的办学定位和办学特色,如何将幸福与学校教育、教学和管理相结合,打造一所有幸福感、有境界的学校,一直是我的教育追求与信仰。

静安区所处的位置,在上海可称“钻石”地段,静安,因位于上海市城市发展东西主轴线中心而具有“中心”位置,同样静安教育因追求精致与开放而具有“标杆”价值。上外静安外国语小学,因“钻石”地段而珍贵,因“中心”位置而独特,因“标杆”价值而风韵。不过,学校贵而不娇,独而不固,风而不俗。这所学校占地只有“三亩”,可谓“袖珍学校”,但“校小心大”,“地方小,这是客观自然,做得好,可以做得不小,天地由心而开阔”。

---

① OECD. PISA 2018 Assessment and Analytical Framework：Science, Reading, Mathematic, Financial Literacy and Collaborative Problem Solving[R]. Paris：OECD Publishing, 2019.
② 张亚星,高倩倩,赵茜.PISA 对学生幸福感的测试及其启示[J].中国考试,2020(5).

（一）"幸福感"学校的"内涵外延"

"办一所充满'幸福感'、有境界的学校"是上外静小的教育追求。以"幸福"作为办学的标尺，从本质上讲首先是聚焦"人"的发展。"以学生为本"的核心是成全一个"人"。为了更好地理解"人"，应该将人和别的什么进行一些区分。

首先将"人"和"神"相区别，神是万能的，神是完美无缺的，而人却不同，人总是有缺点的，有缺陷的，是不完美的。所以人本的思想不是要求我们培养出一个个小圣人，而是要培养生动活泼的个性鲜明的真实而幸福的人。学校教育如果只是按照同一尺度要求所有的人，却不顾及他们的个体差异，那么教育就只能"塑造"出千千万万个平庸的人。因此，孩子是在犯错中成长的。那么学校呢？学校就是允许孩子犯错的地方，成全他们，成全他们的平凡，成全他们的梦想。

其次，我们将"人"和机器进行区分，机器只有功能，而人不同，不仅有功能还有潜能，而且其潜能是不可限量的。因此，我们不仅要对每一个孩子抱有高期望值，还应该主动地去开发学生的潜能，并把潜能转化为"功能"。

第三，我们将"人"和动物来做比较，就会发现其实人是有意义的动物，而动物是不会赋予任何事物以意义的。人只对自己认为有意义的事抱有兴趣和动机。在教学的三维目标中，其中一维是"情感、态度、价值观"，这一维就是人本论者贡献的。其目的就是要在知识学习的同时给出意义体系。

基于上述分析，一所具有"幸福感"的学校，是教育理念与教育事实重叠的圆润，具有教育理想与教育走向的方寸，呈现校园欢乐与教育影响的互动。

（二）"幸福感"学校的"三重境界"

基于对"人"的基本认识，上外静小提出的办学目标是"办一所充满'幸福感'的学校"。怎样的学校才是有"幸福感"的呢？学校提出了三句话，得到家长的广泛认同：学校是允许孩子犯错的地方；学校是孩子寻找伙伴的地方；学校是帮助孩子成为最好的自己的地方。这就是我们所认知中的幸福学校的"三重境界"。

在上外静小，有几种"券"，是很有教育意蕴的。开学第一天，学校送给孩子一份新学期礼物，五张奖券：即"真诚 Sorry 券、作业免做券、借书免限券、社团体验券、阳光下午茶券"。

学校是允许孩子犯错的地方，这是上外静小的"主张"，因此，所有孩子可以用"真诚 Sorry 券"抵销一次小错误。某天,英语老师在批改作业时发现一叠作业本中夹着一种奖券和一张小纸条,纸条上写着:"老师,昨天作业本忘带回家了,Sorry。"一次测验,老师指着字迹潦草的试卷对"淘气鬼"乐乐说:"你实在是要练练字了,哎,你前几天不是攒到了一张'真诚 Sorry 券'吗?"乐乐忙说:"我练,我练! 这张奖券我要留着,说不定以后派大用场呢!"是啊,对于"淘气包"来说,一张奖券应该是不够的,"吝啬"的背后是孩子的一种选择和"远见"。

学校是允许孩子犯错的地方。这个"允许"其实就是给予幸福,就是使校园成为学生的"庇护所"。此外,"犯错"并不奇怪,是正常的人,是走向成熟的人,错误就是垫脚石。如果我们的学校在对待学生的问题上,有允许犯错的秉性与雅量,学生的幸福感就会大大增加。学校正在研究孩子的犯错,日常行为上的、学习过程中的。当我们把学生使用"'真诚 Sorry 券'"的故事积攒起来,你会发现犯错本身就是个性的,这是解读学生的一个很有意思的切入口。

学校是孩子寻找伙伴的地方。这是上外静小的"约定"。每月最后一周,学校为获得"阳光下午茶券"的孩子提供两场下午茶。凭奖券预约,孩子就可以邀请一位伙伴分享自己的努力所获。一位五年级的女生居然邀请了班里小男生,女孩子原本想邀请闺蜜的,当她得知男孩弄丢了奖券、闷闷不乐时,她临时改变了主意,于是当天这个男孩一脸阳光。一个小女生奖券藏了三个月,就是舍不得用。原来她想等到生日的那一天,邀请校长。当我们采访孩子邀请伙伴的意向时,你会发现孩子的交友是个性的。

社团体验券、作业免做券、借书免限券……如何获得这些奖券? 游戏规则是由教师、家委会和孩子们商定的班级公约。之后,各班还创生出各种各样的奖券,不为别的,只为一点,学校是让孩子每天都有期待的地方。

可以说,小小的评价机制激活了整个校园,每天都有故事,师生关系的引导不再是三令五申地强化,而是化在一个个有趣而美好的事件里。评价是一种很微妙的教育手段,其价值在促进学生发展教师的同时,能培育文化,而文化的价值在于培育美德,师生皆成长。因此,一所有态度、有境界的学校应该给予学生教育的宽宏大度,增强学生智慧的理性选择。

(三)"幸福感"学校的"智慧魔方"

学校提出办一所充满"幸福感"的学校,是基于课程的完整性和前瞻性基础上的。学校经过系统思考,整体规划学校课程,重新搭建了课程结构,主要表示为:一是核心价值课程,就是国家规定的课程,如语数外、音体美、科学;二是多元价值课程,如世界文化之旅、中华传统文化、文化比较交流;三是个体价值课程,如天赋潜能价值、社会服务价值。

从课程的价值角度设计课程,从学生的需求安排课程,这种价值核心引领、需求拉动开发的课程体系,具有教育哲学的意味。课程分类的依据是"价值",核心价值与多元价值是从文化的角度,个体价值是站在个体的角度。首先,教育要传承文化的要素,并精选对儿童发展最基础、最重要的课程,因此第一个模块是"核心价值课程"。这一模块基本上是国家课程。

在国家课程的校本化实施的进程中,学校设有的学科资源教室独具特色。例如小学数学活动资源室分三个区域:绘本阅读区,提供给孩子关于数学知识的绘本,以高年级给低年级孩子讲故事的形式进行阅读,让孩子了解生活中的数学和数学的文化历史。益智玩具活动区,选择"头大"玩具中的部分经典玩具,让学生充分动手,在活动中学习数学,培养孩子的动手能力,空间想象能力。财富管理课程体验区包含两个部分,即小脚丫银行和小脚丫超市,结合校本课程财富管理需要,为孩子们提供体验场所,让孩子们在实践活动中感受购物的学问、银行的知识。关于财富课程,数学组分三个年段确定不同的主题:低年级《货币的认识》,中年级《购物体验》,高年级《走进银行》,为了让孩子们能真正感受,老师们设计了上外静小流通的货币"小脚丫币",货币的组成和人民币面值基本相同。我们将在不同的年段设计适合孩子们年龄特点的活动,让小脚丫币能用起来并用好,有结余时还能经过合理的储蓄,让每个孩子能感受到财富的积累和合理应用。

作为外国语小学,学校要促进儿童对多元文化的理解,使其广见博闻,具有国际视野,并能汲取、反思本国的文化,由此产生了"多元文化课程",内容有中华传统文化:书法、武术、经典诵读、中国传统节日;世界文化之旅:"小脚丫走遍五大洲"、海外经历分享、世界节日大观;文化比较交流:礼待天下、多语种课程。多元文化必然有多元的价值,学校希望本校的儿童不仅能了解、欣赏中西方文化的精彩之处,也能进行比较、思考。未来社会是一个多元的社会,文化的多元、包容的多元、借鉴的多元,会是常态。因此,"多元文化课程",是从文化立身的角度来夯实做人的基础。

"小脚丫走遍五大洲"英语节，是学校的系列项目，从 2011 年起每年举办，继"欧洲站、亚洲站和大洋洲站"后，2014 年，我们一起走进美丽的非洲。在每周一节的"小脚丫"英语拓展课上，学生重点学习当年这一洲的风土人情、名胜文化。英语节是特色课程的集中展示和学习体验。学生将在小学五年中，有幸与"五大洲"过招：亚洲美食节、欧洲戏剧节、非洲音乐节、美洲探秘节、大洋洲奥林匹克运动会。这样的节日，既是不出国门的旅行，也是文化学习的课本。学校的节日活动蕴含教育的价值，更是学校的办学理念所要达到的"目标"。

教育要帮助儿童实现其个体的价值，而个体的价值既表现在其天赋潜能的实现，也表现在其对社会的贡献，即公益精神。因此，"个体潜能课程"，有天赋潜能价值：体育类、艺术类、智力类、语言类、劳技类、社交类；社会服务价值：校园志愿者、社区服务、慈善公益。"个体潜能课程"还是侧重于知识完备和人格完善。

教育，就是教人聪明，教人会管理自己，在自我驾驭中开创未来。在新四年发展规划中，学校提出"品质教育"，就"品质学生"的内涵，广泛征集家长意见，于是，指向"全人教育"的"五大管理"是家校共同认定的育人目标与特色课程，即"物品管理""形象管理""时间管理""财富管理""情绪管理"。五大课程的构建均有相关专业领域的家长参与。学校的基本功能，是引导学生从"他控"走向"自控"，并从"生物性"的"生物钟"管理走向"哲学性"的"金字塔"管理。而让学生了解和驾驭自己，始终是一个难题。上外静小正在探寻自己的"行为路线"。

学校所推崇的个性，是有共同的价值观的。上面所说的社团体验券、作业免做券、借书免限券……如何获得这些奖券？游戏规则是由教师、家委会和孩子们商定的班级公约。学生通过这些奖券，使的是诚心，用的是智慧，学的是正道。总之，让学生每天都有期待。

实际上，对于幸福的追求，何止是孩子的期待，也是学校的期待，更是教育的期待。

第四节 "幸福感"的上外静小"说法"

幸福，是人人企求的，也是教育追求的。上外静小的"办一所充满'幸福感'的学校"，在集中地体现幸福的精髓的同时，校本化地糅入了基于学校场域和师生对象以及特定指向的思考，具有自身独特的意境和韵味。

一、"幸福感"之于教育是一种"本色"

2013 年，上外静小提出"办一所充满'幸福感'的学校"，是对小学教育的质性的理解和领悟，也是对民办教育的韧性的认知和升华。

学校认为，"幸福感"，是对教育"使命感"的人文回归，是对办学"责任感"的情怀依托，是对育人"终极感"的价值建树，是对生命"敬畏感"的暖心怀抱。

教育使命是神圣的，具有庄严的意味；教育使命也是人文的，具有崇高的韵味。"幸福感"正是对教育"使命感"的质性把握和柔性匹配。

办学肩负责任，既要站稳社会立场，也要立足学生立场，和谐社会的幸福元素和师生成长的幸福追求，成为办学的要义。"幸福感"正是对办学"责任感"的意义建构和现实建筑。

育人是学校的根本，真正的人才不仅要有一手才艺，还要有创造幸福的能力，因此，"幸福感"正是对育人"终极感"的内涵丰韵和价值递增。

生命，是学校存在和发展的主体，师生的生命面对小学教育，要有被点燃、被唤醒的机缘，也要有被激发、被幸福的包容。"幸福感"正是对生命"敬畏感"的良性互动和底蕴增厚。

上外静小的"幸福感"，是对以人为本的价值判定，是对成长为上的意义诠释，是对快乐为求的生动演绎。

二、"幸福感"之于学校是一种"特色"

上外静小的"幸福感"，是以学校场域为原点，以学校教育为基点，以学校与家长关系、与社会关联为燃点而做出的学校"办学设计""办学目的""办学路线"。

这个"幸福感"生于校园，长于校园，旺于校园，是在校园盛开的"幸福花"。

这种"幸福感"在校园，具有识人的高度、怡人的温度、服人的信度、育人的效度、引人的亮度。

识人的高度，表现为任何一位学生、任何一位老师，在校内会得到同等的对待，且被识别、认可、接纳、包容，识别在于了解个性，认可代表肯定存在，接纳表示融入集体，包容意在宽厚。识人的高度，为"幸福感"的基础。

怡人的温度，表现为成长的舒适，学习快乐、工作舒心，即使走在校园内，也有一缕缕春风扑面，碰到同伴或老师，也有一丝丝温情散发。怡人的温度，为"幸福感"的营造。

服人的信度，表现为教导的以理服人，表现有实在性，即使批评也有建设性，表现与批评在校园，不再是评判的标准，而是同进的阶梯。服人的信度，为"幸福感"的厚基。

育人的效度，表现为立德树人的恰到好处，在教与育之间实现你中有我的美妙对接，在师与生之间形成情同手足的美好关联。育人的效度，为"幸福感"的增值。

引人的亮度，表现为学校的吸引力，让师生向往学校教育、向往校园生活，成为烙在心中的一座灯塔。引人的亮度，为"幸福感"的背书。

学校的"幸福感"就在于：完美实施教育方针，圆满完成立德树人根本任务，实现优质教育办学目标，创建极具口碑的办学特色，引领区域基础教育发展，具有大格局、大写意、大胸怀的幸福感。

三、"幸福感"之于师生是一种"基色"

在学校幸福与否，不是校长说了算，也不是老师说了算，而是由学生和教师共同说了算，因此，上外静小的"幸福感"来源于师生的切实感受。

给师生的校园生活打上"幸福"的印记,成为他们在校的"生态"和"常态",上外静小将"幸福感"作为师生的校园"基色"予以根本性的建构和基础性的落实。

对学生而言,"幸福感"主要呈现为:

上学的"盼望感":由于校园生活的魅力和吸引,学生有一种盼望上学到来的期待之情,即使放学了,学生仍然想"黏"在校园。

学习的"期待感":由于课堂的深度发酵,产生了阵阵醇香,弥漫空间和心间,学生对校内学习和活动充满期待。

心理的"舒适感":在校内神清气顺,不论在哪个地方,都成为愉快的享受,即使心里有事也能在适合的地方一吐为快。

成长的"溢出感":每天有进步,积小步成大步,心中时时洋溢成长的欢乐,与同伴能分享,与师长能倾诉。

在上外静小,从学生的眼神里能读到"幸福",从学生的姿态中能看到"幸福",从学生的精神上能悟到学生的"幸福"。

对教师而言,"幸福感"主要呈现为:

工作的"得心感":对本职工作充满热爱,对教书育人心中有谱,手中有活,专业能力在所任工作之上。

专业的"成功感":对所教学科有比较深的底蕴和功力,对专业知识和专业前景有广泛的了解,能跨学科进行教学,在专业上独有一功。

育人的"成就感":热爱学生,享受引导学生成长的职业红利,能从学生中得到育人的价值认同。

境遇的"舒心感":在校内能得到领导、同伴的尊重和尊敬,得到学生的赞美和敬仰,遇到烦心事有人帮,遇到伤心事有人解,有如沐春风之感。

在上外静小,从教师的脸庞可目测"幸福"的程度,从教师的脚步可聆听"幸福"的心声,从教师的成就可察觉"幸福"的满足。

第二章

课程建树——"幸福感"学校的建设基石

故 事

国旗下的演讲

每个周一,学校都会有一个固定的学生活动,叫作"国旗下的演讲"。我相信在多数学校里,能够代表班级、代表学校走上前台进行演讲的孩子,大都应该是品学兼优的"尖子生",但是我要求我们的大队辅导员和班主任老师,要把眼光面向全体学生,让每一个学生都有展示自我的机会。在这样的大背景下,一天,我收到了一封特殊的来信,写信的是一个普普通通的学生,他因为被老师选为参与国旗下的演讲活动而感到既兴奋又忐忑,因为在他的认知里,他几乎不相信自己能够代表全校学生在国旗下发言。在给我的来信中,他既表达了对此次演讲的意外,也希望我能够就演讲的内容给他一点建议。我在第一时间给他回了信,在对他进行鼓励的同时,建议他就"我眼中的幸福"讲讲自己的感受。孩子当天的表现,完全超出了我的想象,他在国旗下自信的表达以及深受师生共鸣的对幸福的认知,一直是我记忆中最美好的画面:

大家好,我是来自五(1)班的×××,今天,我代表五年级毕业生做一次演讲,有些人可能会问:"为什么是你而不是我们中的任何一个呢?"这个嘛,我一开始也没想到,可 Rachel 老师就突然让我来做这件事,她认为我很有想法。居然没有让学霸上场,此时,我的心中一万只羊驼奔过,实在是受宠若惊!我冷静下来后答应了老师,然后我就出现在了这儿。

五年了,我在学校中发生过许多有趣的事,起初,让我对这所学校印象深刻的是第一次英语节,一个大哥哥带我和同学一起去玩,结果玩到一半就不见了,我和同学一人搜一幢楼,还是没找到,正当我们要放弃时,我们就看见了他。结果,他告诉我们,他去上了个厕所,忘了跟我们说,唉,真是无语。这回,我下定决心,一定要带好一年级新生游园,带是带好了,但是钱,我很快就花光了,还欠了银行80元,到现在还没还清,但这些钱我都用在了我带的小朋友身上,所以我感觉我的钱并没白花,能让小朋友感到快乐,并期待下一次英语节,我很满足。快乐的事也有许多,例如这回选修课中的木工坊,去年,我送了一双筷子给妈妈,这是我第一次送给妈妈我亲手做的,可以给她日常使用的物品,看着她惊喜的表情,我很开心,所以这回我也要学木工课。有些人会觉得:"为什么主修课中有木工,你选修课也要选木工课呢?"那是因为,这回我们会做一个校徽,可以留在这所学校,给我一个今后时常回来的理由,每次我回来时,我就会看到它,这多有成就感啊!

最后,请大家回忆一下,我刚刚所说的事,其中都包含着同一种情感——幸福。幸福是什么? 我认为不像大人们说得那么复杂,就是一种随时随地能在身边感受到的满足,比如我生完病后,回到学校,得到了老师的关心,或是平常有同学的陪伴,或是得到了荣誉,或是别人因为我而感到幸福时,我心中洋溢着的温暖,这些都是幸福。我认为幸福不只是存在于物质给你带来的快乐上,更是一种精神上的享受,可以令人不感到孤独、寂寞,可以使人有去做任何事的动力,这就是我眼中的幸福。若是此处能有点掌声,我今天就会过得更加幸福。谢谢大家,我的演讲到此结束。

那是 6 月初夏的一个清晨,小钱同学的演讲打动了在场的每一个人。

"幸福,是一种随时随地能感受到的满足;幸福,是别人因为我而感到幸福时的温暖;幸福,是一种精神的享受;幸福,是可以使人有去做任何事的动力。"

我很惊喜,那个小调皮怎么一下子就长大了呢? 校园记忆,成长经历,形成着他对生活的看法,一个孩子在爱与被爱中积累着对世界的认知。是什么样的成长环境让儿童美好地绽放呢? 绽放,意味着自由,成长需要自由,"心灵绽放"是一个人的理智、情感和健全的身体的全面发展和培养,只有在完全的和谐中,心灵的绽放才会发生。每个人心中都有一颗幸福的种子,这颗种子必须被带到阳光下才能发芽。心灵的觉醒,来自友好和爱,当理智、情感、身体三者处于完全的和谐时,心灵的绽放就会自然地,不费力地,完美地到来。

我清楚地记得,听了小钱同学的演讲,我第一时间写下了一段话:

让我们带着学习的态度去读懂每一个儿童,如同要了解一朵花儿,就得细心地观察它的花瓣,它的茎,它的颜色,它的芬芳和它的美;让我们给儿童充分生长的时间,接受他们,与他们游戏共处,使自己成为善的播种者,这是给予他们最好的礼物;让我们用言行虔诚地告诉孩子们:你必须成为美好的,因为你就是未来。

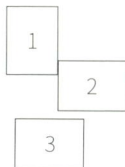

1. 凝望（2020年摄）
2. 倾述（2021年摄）
3. 阐发（2021年摄）

款款云『燕』

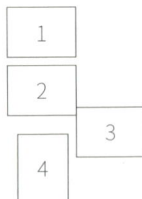

款款云『燕』

与众共『生』

1
2
3

1. 迎新（2019年摄）
2. 心印（2017年摄）
3. 共鸣（2021年摄）

1
2
3

1. 伙伴 （2021年摄）
2. 分享 （2018年摄）
3. 自豪 （2021年摄）

与众共『生』

　　透过小钱同学的演讲，我们能够感受到一个反复被提及的名词——课程。课程可以说是学校教育体系中最为常见但是又最难界定的词汇，根据梳理，当前国内外对于课程的界定达到了 300 多种，就界定的维度和视角看，至少存在形式逻辑的定义视角、揭示课程本质的视角、外延界定的视角、追求课程新价值的视角、形象化界定的视角五种不同角度①。但是，不论采用怎样的方式界定课程，都必须认识到课程在实现学校办学目标和人才培养目标中的基础性地位。从这个角度出发，任何学校层面的教育改革设计，都必须要从课程的理念和路径的重构开始，打造幸福学校，也必须有幸福的课程作为支持。

　　现代课程概念的重建经历了将近二百年的历程。以赫尔巴特、杜威和布鲁纳为代表，其关于课程概念之内涵或意义的阐释和发展，经历了从知识、经验到结构的历史演进，凸显了现代课程概念之重建的理路、轨迹和脉络，以及由此引发的学生学习方式的根本转变：从"教中学"到"做中学"，再到"发现中学"②。这种逻辑和理念的变迁，不仅体现了课程研究实践自身的发展脉络，也为学校领域如何通过课程建设与改革触及师生的幸福提供了设计与实施中的参考。

①　但武刚.课程概念界定的五种视角评析[J].教育研究与实验,2011(4).
②　岳刚德.现代课程概念重建历史：从知识、经验到结构[J].全球教育展望,2011(2).

回顾改革开放以来的我国课程变革历程,以学校为主体的课程改革探索一直是推动我国课程发展、推进课程理论研究发展的重要力量。校本层面的课程设计与改革,能够更好地落实国家对于人才培养和课程建设的基本理念,能够更好地回应学校办学定位和人才培养的独特设计,能够更好地解决学校面临的实践性问题。正是基于这样的认识,上外静小在创办充满"幸福感"学校的过程中,始终把打造幸福的课程作为基础性内容。

一、基于共同愿景厘定幸福课程哲学

哲学是关于思维的思维,关于思想的思想,是对相关理论和观点、实践的一种元研究,是世界观和方法论的统一,任何的实践都必定建立在一定的哲学体系之上。课程哲学是对课程问题的智慧追寻,它不是对课程实践进行现实性的描述和技巧上的解答,而是从哲学的视域对课程理论与实践的合理性进行质疑、反思、批判与超越的智慧。这种独特的智慧奠定了人们认识课程的基础,也在根本上建构和雕塑学校的课程精神内核。

对于课程哲学的建构,既蕴含着宏观层面的理性思考,也包含学校层面的校本化设计。整个 20 世纪的中国学校课程史是一个东西方思想不断碰撞、交融的过程。我国有被视为"伦理哲学"的儒家哲学以及被视为"精神哲学"的道家哲学;西方教育史上,有杜威的崇尚社会和经验的课程哲学、提倡以"社会问题"为中心的改造主义教育哲学、强调人类文明精华的要素主义教育哲学、提倡"永恒学科"的永恒主义教育哲学、苏联的以知识和教师为本的课程观、后现代的混沌课程哲学理念、泰勒的行为主义课程哲学理念等。这些东西方的课程哲学思想表现出不同的取向,或以知识为取向,或以学生为取向,或以社会为取向;有着不同的课程观,侧重点不同,或关注学生的未来生活,或关注学生的现实生活,或关注学生现实生活与可能生活之间沟通的道路,但都对我国学校的课程建设有着深远的影响,给学校课程变革的各个方面提供启示。学校应该从这些已有的哲学理念中汲取营养,吸取关键要素,结合学校的实际情况加以转化,形成自己学校独特的课程哲学理念①,并以此作为学校课程的独特表达。

从某种程度上说,学校的任何教育哲学,包括课程哲学,都应该是学校办学愿景的重要体现。从概念上说,愿景即愿望中的景象,它是关于美好未来的预见,能够给人以持久的动力。换言之,愿景是一个大家希望共同创造的未来景象。学校愿景是指依据学校的使命、价值取向和未来蓝图,师生员工共同认同和期望的学校未来发展景象。一个良好的学校愿景由以下三个要素构成:明确的学校使命、学校价值观的描述、清晰的学校未来蓝图。愿景作为学习型组织的核心概念,是现代企业管理研究的热点之一。同样,现代高品质学校建设也需要校长具有愿景管理的意识和能力②。

从实践的角度看,学校使命、愿景就是我们努力的方向,学校课程哲学的建设和课程体系的建构,首先要明确课程改革要去向何方,这就需要学校用课程领导的思维方式去思考和界定学校在课程建设中的精神引领。课程领导与课程管理的根本区别是学校是否拥有自己的愿景并能让全体成员分享这一愿景,换言之,学校不是一个被动的课程执行者,而是一个自主的课程领导共同体。所以,我始终认为,校长的职责之一便是带领大家编织共同的课程愿景,让大家的目标一致,朝一个方向跑。结合学校新四年发展规划,全校上下几经讨论,围绕顶层设计,学校开展了教师论坛、家长问卷、专家咨询等一系列前端工作,我们相信,当学校的育人目标、教师的教学目标、家长的育儿目标三者的交集越大,办学目标便越能落地生根。经过集思广益,多方融合,我们建构了上外静小的办学理念以及学校文化体系。"办一所充满'幸福感'、有境界的学校"是上外静小的教育追求,这一办学方向就是学校发展的大愿景。

上外静小对幸福的理解建立在哲学与积极心理学的基础之上。从哲学的角度说,教育以人的幸福为目的是对科学实证主义的超越。如果只从人力资源与知识传递的角度看教育的功能,教育便会变得功利而失去人性③。哲学指出了教育的价值追求是"幸福",而积极心理学则把"幸福感"解释得更为透彻。所谓

① 杨四耕.怎样提炼学校课程哲学[J].基础教育论坛,2016(5).
② 项红专,刘海洋.学校愿景管理:意涵、价值及模式建构[J].教育科学研究,2019(9).
③ 孟建伟.教育与幸福——关于幸福教育的哲学思考[J].教育研究,2010(2).

幸福感主要包含三个成分：对总体生活的满意度、积极情感的存在以及低频率或低强度的消极情感①。幸福感主要是对过去的积极情感，针对当下的积极心理活动是心流，面对未来的积极情绪是乐观与希望。

上外静小对幸福的理解不仅仅是师生的学校生活满意度，还包含着对幸福能力的培养，我们叫"幸福素养"，其中核心成分是积极的人格特质，或称心理资本。如何培养这种"幸福素养"？我们的途径是课程改革。

二、基于课程哲学建构幸福课程逻辑

课程哲学是办学理念的具体化。"看世界，做自己"是上外静小的办学理念。教育是使人社会化的过程，要教会学生认识客观世界，不断地丰富内心世界，进而认识自我、学会选择，定位自我、做更好的自己。上外静小的课程就是让儿童在世界与自己之间建构幸福，提升幸福素养，实现教育的目的。作为外国语小学，我们的特色是多元文化课程，让学生"抬头看世界，用心做自己"。"小脚丫走遍五大洲"英语文化节，是学校的系列课程。学生将在小学五年中，有幸与"五大洲"过招：亚洲美食节、欧洲戏剧节、非洲音乐节、美洲探秘节、大洋洲奥林匹克运动会。在每周一节的"小脚丫"英语拓展课上，学生重点学习当年这一洲的风土人情、名胜文化。英语节是特色课程的集中展示和学习体验。这样的课程，既是不出国门的旅行，也是文化学习的课本。学校的节日活动蕴含着教育的价值，"小脚丫走遍五大洲"的"菜单"与学校的办学理念所要达到的"目标"存在着"旅途"关系。我们的育人目标是"快乐的学习者，好奇的旅行家，善思的创新匠，用心的公益人"。小学的五年，我们认为每一个孩子的学习都是一段独特的旅程，经历学习的过程很重要。我们引导学生在书本中行走，在与学习伙伴的合作中行走，在更广阔的天地中行走。学校的"国学经典""博物馆冬令营""小脚丫走五大洲"等特色课程正是引导孩子在丰富的学习内容中，学生要走向未来，走向世界。以"小脚丫走遍五大洲"课程为例，在世界与自己之间，幸福感存在于以下层面（参见表2-1）。

---

① Diener E, Suh E. Measuring the Quality of Life: Economic、Social and Subjective Indicators [J]. Social Indicators Research，1997(40).

表 2-1:"小脚丫走遍五大洲"课程与学生幸福感培养逻辑对照表

主客互动	课程的取向	教育的意义	幸福感的获得
认识外部世界	知识为本	获得知识与技能	好奇心与求知欲的满足
创造自己的世界	探究为本	激发创意与合作	创造力的激发与释放,持续专注的心流体验与自我实现的时刻
体验精彩世界	活动为本	获得对多元文化的真实体验与感受	分享美好的事物与友好的情谊,成就感
领悟生活真谛	反思为本	理解多元文化的价值,形成自己对世界的初步认识	自我的建构与文化自信的形成

第一步"认识外部世界"。学校依据活动主题,先列出某一大洲在民俗文化、自然科学、名胜建筑等方面极具代表性的国家,让每个班级以抽签的方式认领一个国家馆或主题馆的设计任务。基于这份挑战性的"长作业",学生首先进行独立学习,阅读相关书籍,浏览相关网站,搜集最能代表该国特色文化的信息进行提取、分享、合作、交流。同时,在每周一节的"小脚丫英语拓展课"上,老师设计了系列的课程安排。例如"非洲节"期间,学生将走进"阅读季""音乐季"和"电影季"三大板块。每位同学阅读推荐一本"非洲读物",做一次主题演讲;欣赏非洲独特的音乐节律,学唱几首经典的英文歌曲;观看几部原版电影,如《狮子王》,排演英语舞台剧。另外,非洲主题的学习还融入到国家课程中。在音乐课上,学习非洲土著舞蹈;在美术课上制作非洲雕塑、饰品;在数学课上,了解非洲一系列"数字信息",设计"数字非洲"海报;在体育课上了解、体验各国运动游戏项目。在这个过程中,师生的求知欲与好奇心都得到极大的满足,学生尝试多种学习方式,认识新领域,获得新知识。

第二步"创造自己的世界"。每年十月间是"小脚丫走遍五大洲"英语文化节的嘉年华盛会,学校会组织两天的活动,校园几乎成为"新大陆",能利用起来的地方都利用了。所有的教室布置成不同国家的"国家馆",走廊上、楼梯拐角处的窗台上,都有出人意料、别致精巧的造型,小小的操场更是开幕式、竞技游戏的天地,而历年三场"学生英语主题论坛"则成为孩子们向"世界"发表观点、表达思想的舞台。跳蚤市场、学生艺术品拍卖会更是把英语节的公益主题演绎得十分出色。在每一种活动中,学生、教师与家长的创造力与才能都发挥得淋漓尽致。在这一过程中,我们努力地让每一个孩子都能在整个课程活动中寻找到自己擅长的领域,获得沉浸于持续的心流体验与自我实现的真切感悟。

第三步"体验精彩世界"。对事物的深入认识离不开亲身的体验。整个英语节历时一学年,学生、教师与家长都在任务驱动中不断地积累与体验,尤其是嘉年华活动的那两天,大家更是进入自己扮演的角色,进入另一个大洲。当天,你可以在智利馆头戴矿工帽,手拿小铁锹,爬入"地下隧道"挖钻石;你可以在哥伦比亚馆见到驻沪总领事,泡上一杯香浓的咖啡,玩一把当地流行的"投币青蛙"游戏;你可以在墨西哥美食风情街上,用刚学会的几句墨西哥语点餐,一份烤肉配上一杯热饮,欣赏乐队的现场伴奏……在这样的节日里,你是手持护照穿梭于世界各地的游客,还是主题场馆里的工作人员?你是街头艺术家还是专业拍卖师?你是热带雨林里的探险家还是高峰论坛上的政府要员?一方面学生有自己的责任与角色,是文化节的主人;另一方面他们与其他受邀者一样,是异国文化的体验者。人们穿梭在不同的"国家"与场景中,一会儿置身于华丽的红丝绒电影院观影,一会儿又在太空漫步;一会儿与非洲土族一起击鼓起舞,一会儿又与委内瑞拉的选美赛手们合影……对角色的胜任感、新奇体验的快乐,家长志愿者的温馨支持、游客的真诚赞美……这些都让孩子们感到幸福无比。

第四步"领悟生活真谛"。幸福如果只是快乐或者满意便显得浅薄。教育的最终目的不是知识与技能。我们的幸福教育最终希望学生建构积极的人生观与价值观,培养积极人格,形成幸福素养。在大洋洲奥林匹克运动会上,学生挑战八米高的攀岩墙,追求"更高、更快、更强"的体育精神;在"美丽心灵非洲节"上学生将自己制作的600件T恤、环保袋、30件雕塑油画作品的义卖所得用于"肯尼亚乡村资助"项目,课程引导孩子们带着向善向上的精神走向更广阔的世界。学生在活动中不仅体验了活动渗透的价值还获得了点滴领悟。在前不久的美洲节上,五年级的哥哥姐姐带着一年级弟弟妹妹,玩遍各个场馆。一个高年级的女生在日记中写道,她用自己平日里积攒下来的"小脚丫币"给小妹妹买跳蚤市场里的手工艺品,买冰激凌。虽然自己什么都没有兑换,但是她相信这样的付出会有回报的,因为等妹妹长大了,也会像自己那样做个好姐姐。这表明在这个学生的信念中,形成了乐于付出与精神幸福的观念,这正是教育的价值所在。

上外静小的课程是以儿童的经验,儿童的生活为本的。多元文化是个大千世界,课程就是帮助儿童在大千世界中找到属于自己的幸福,这是我们的课程愿景,是我们迈进的方向,也是学校课程领导的基石。

支撑幸福的课程体系

　　教育的根本问题是培养什么样的人和如何培养的问题。课程是教育思想、教育目标和教育内容的主要载体,是教育教学活动的基本依据。课程要不要变革和如何变革,课程体系应该如何建设,都应该围绕教育目标的变革来进行。

一、对人才培养目标的思考

　　人才培养是教育变革的核心指向。当前,从世界范围来看,教育目标变革的一个新动向就是把对学生全面发展的要求具体化和细化,形成可观测的学生发展核心素养。经济合作与发展组织 2005 年发布《核心素养的界定与遴选:行动纲要》,欧盟 2006 年通过《以核心素养促进终身学习》的报告。在国际组织的影响下,美国 2007 年发布了《21 世纪素养框架》,法国 2006年发布了七个核心素养,日本 2013 年提出"21 世纪能力"框架[①]。我国 2016年正式发布了"中国学生发展核心素养"框架。2017 年,我国教育部出台了体现学科核心素养的各科课程标准。可以认为,培养学生核心素养已经成为当前人才培养的重要理念,也必然成为课程与教学改革的重要价值指向。特别是经合组织、欧盟、联合国教科文组织等国际性组织的核心素养框架体系,为建构面向 21 世纪的人才培养目标体系提供了普遍性的遵循(表2-2)。

---

　　① 褚宏启.核心素养的国际视野与中国立场——21 世纪中国国民素质提升与教育目标转型[J].教育研究,2016(11).

表 2 - 2：三大国际组织核心素养框架的指标分类

方面	维度	指标	指标描述	国际组织		
				OECD	EU	UNESCO
全面发展	品德素养	公民意识	具有行使公民权利的能力，道德判断和社会正义伦理的观念，保护权利和利益。	√	√	√
		尊重与包容	尊重、接纳、理解和关爱他人，具有同情心，能够理解、尊重和包容人与事物的差异性和多样性。	√		√
		环境意识与可持续发展思维	能够关心、理解自然与生态环境，具有可持续发展的未来观，理解未来社会是建立在生态、经济、社会文化可持续发展基础上的，具有环保与节约精神。			√
	学习素养	数学素养	能够理解数学概念，运用数学知识和数学思维解决日常生活中的各种问题。	√	√	√
		科学素养	具有科学精神，掌握科学知识，运用科学知识，确定问题和做出具有证据的结论。	√	√	√
		母语能力	通过听、说、读、写等形式，运用母语进行理解、表达、解释、互动等方面的能力，尤其是语言综合运用能力。	√	√	√
		外语能力	有效地运用外语进行交流、阅读和写作的能力。	√	√	√
		学会学习	个人根据自身需要独立或与小组合作开展和组织自身学习的能力以及方法与机会意识。	√	√	√
	身心素养	身体健康	具有健康的生活态度、生活方式和行为习惯，保持身体健康发展。具有安全意识，爱护自己。			√
		心理健康（自我管理）	自尊自爱，积极主动，能够恰当地管理自己的情绪和行为，养成自律、自省的习惯；能够坚强面对挫折，具有积极的情感体验。	√	√	√
	审美素养	审美素养	能欣赏与享受艺术作品及表演，并借助与个人天赋相一致的手段来表现自己的艺术才华，愿意通过艺术上自我表达和对文化生活的持续兴趣来培养审美能力。		√	√

续　表

方面	维度	指标	指标描述	国际组织		
				OECD	EU	UNESCO
21世纪素养	非认知品质	沟通与交流能力	能够有效地与他人进行沟通与交流,与他人建立良好的关系。	√	√	√
		团队合作能力	能够与团队合作以完成共同目标,能够有效地管理与解决冲突。	√	√	√
		国际意识与全球化思维	能够积极理解和欣赏世界各地的历史文化;能够以开放的、多维的思维方式看待世界,具有全球视野。		√	
	认知品质	问题解决能力	合理地思考和分析问题,有效地按照问题解决步骤处理和解决问题。	√	√	√
		计划、组织与实施能力	在复杂的大环境中,基于目标进行规划与组织,并严格执行。	√	√	
		批判性思维	能够对各种问题、现象等进行反思和质疑,发现问题所在,具有批判精神和批判技能。	√	√	√
		创新素养	具有主动进取的探索精神和好奇心,能够提出和实施新的想法,具有创新和冒险精神。	√	√	√
		信息素养	能够运用信息通信技术有效地获取信息、分析评估信息、应用信息等方面的能力;遵循信息获取和使用的道德或法律规范。	√	√	√

　　然而,从核心素养落实的效果来看,尽管世界上许多国家已经把核心素养作为教育改革追求的重要目标,希望通过核心素养来统领新一轮教育改革。但是,核心素养的落实更多地停留在政府承诺层面,尚未转化到学校和教师实施层面。核心素养成果发布后,我国学者主要围绕核心素养概念展开讨论,很少关注到核心素养的实施问题。在有关核心素养落实的少量文献中,学者和实践工作者主要聚焦于基于核心素养的整体课程转化和体系构建研究和实践,学校层面对核心素养的校本解读与合理阐释[1],并基于这种解读和阐释开展的行动研究相对较少,形成的研究成果影响力也显不足。基于这样的现实问题,上外静小认为,

---

[1]　胡定荣.论学校课程治理变革的意义、性质与任务[J].教育学报,2019(2).

要着眼学生核心素养培养的时代要求,结合学校特色的办学理念,形成学校在人才培养中的独特定位和设计。学校的培养目标是做快乐的学习者,好奇的旅行家,善思的创新匠,用心的公益人。"快乐的学习者"即对学习充满兴趣且有方法;"好奇的旅行家"即对外部世界好奇且能探索;"善思的创新匠",即拥有全面灵性的辨别方法和判断能力;"用心的公益人"即内心向善向上且有善举。

二、对学校整体课程的架构

从人才培养目标出发,上外静小对学校特色的课程体系建构进行了系统性的思考和设计,不断优化课程结构,构建"多元、开放、体验"的课程体系。

为了有效培养学生的核心素养,回应学校个性化的人才培养目标,学校经过系统思考,整体规划学校课程,统整基础型课程、拓展型课程、探究型课程,重新搭建了课程结构,突出了课程建设的多维价值导向,主要表现为:

一是核心价值课程,就是国家规定的课程,如语数外、音体美、科学;二是多元价值课程,如世界文化之旅、中华传统文化、文化比较交流;三是个体价值课程,如天赋潜能价值、社会服务价值。

"核心价值课程"是国家课程的校本化实施。主要包含语文学科的"儿童文学经典阅读课程"、数学学科的"财商课程"、自然学科的"博物馆探秘课程"和音乐学科的"双排键演奏课程"。

"多元文化课程"是从文化立身的角度来夯实做人的基础,主要由"小脚丫走遍五大洲""毕业季""阳光体育"三类课程组成。

"小脚丫走遍五大洲"英语文化节,是学校特色课程的集中展示和学习体验。学生将在小学五年中,有幸与"五大洲"过招:亚洲美食节、欧洲戏剧节、非洲音乐节、美洲探秘节、大洋洲奥林匹克运动会。我们形成了"小脚丫走遍五大洲"的校本教材,在每周一节的"小脚丫"英语拓展课上,学生重点学习当年这一洲的风土人情、名胜文化。

每年6月"毕业季"课程,学校突破常规教学,重置学习内容,精心设计一组跨学科、重体验、展能力、显个性的毕业季课程,分5门必修课程和5门选修课程。同学们将随着为期4周的课程经历一系列的精彩难忘的学习活动——制作一部意义不凡的"家谱纪念册";合资开一家微店,经历一次完整的贸易体验;录制一张特别的英语歌曲 CD；到森林公园参加定向越野挑战赛；当一回自然博物馆小小讲解员……丰富了学习经历，拓展了学习视野，提升学习品质，促进个性发展。

"个体潜能课程"侧重于知识完备和人格完善，分两部分：一是天赋潜能价值。体育艺术类、智力类、语言类、劳技类等校本选择性课程 32 门，让学生有更多的选择、体验和发展个性的机会；二是社会服务价值。校园志愿者、社区服务、慈善公益，包括病房学校、与希望小学手拉手、公益阅读等活动。

价值核心引领、需求拉动开发的课程体系，不断促进新建课程的创立，形成课程组群化发展，推进校本特色课程的建设和发展，从而构建并完善满足学生全面发展、个性发展的学校课程结构。同时，通过三类课程的相互融合与交叉渗透，使课程体系形成结构化整体发展的内部动能，拓展学生课程学习空间，为学生提供更丰富广阔、更生动积极的学习经历与体验，激发学生创造，促进学生多元发展（参见图 2-1）。

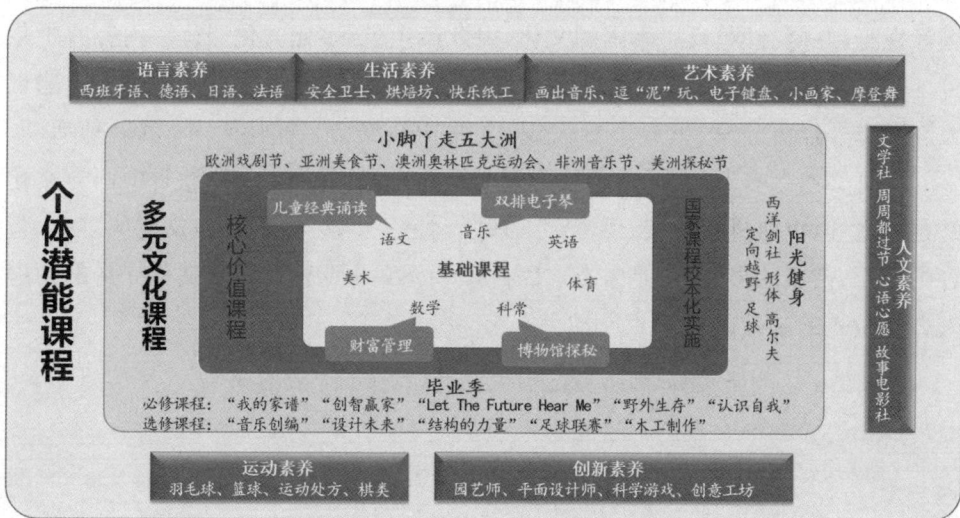

图 2-1：上外静小课程体系架构图

从课程的价值角度设计课程，从学生的需求安排课程，这种价值核心引领、需求拉动开发的课程体系，具有教育哲学的意味。课程分类的依据是"价值"，核心价值与多元价值是从文化的角度，个体价值是站在个体的角度。首先，教育要传承文化的要素，并精选对儿童发展最基础、最重要的课程，因此第一个模块是

"核心价值课程"。这一模块基本上是国家课程。在国家课程的校本化实施的进程中,学校设有的学科资源教室独具特色。例如小学数学活动资源室分三个区域:"绘本阅读区",提供给孩子关于数学知识的绘本,以高年级给低年级孩子讲故事的形式进行阅读,让孩子了解生活中的数学和数学的文化历史。"益智玩具活动区",选择各类经典玩具,让学生分阶挑战,在活动中学习数学,培养孩子的动手能力,空间想象能力。"财商课程体验区"包含两个部分,即小脚丫银行和小脚丫超市,结合校本课程财富管理需要,为孩子们提供体验场所,让孩子们在实践活动中感受购物的学问、银行的知识。关于财商课程,数学组分三个年段确定不同的主题:低年级《货币的认识》,中年级《购物体验》,高年级《走进银行》,为了让孩子们能真正感受,老师们设计了上外静小流通的货币"小脚丫币",货币的组成和人民币面值基本相同。我们将在不同的年段设计适合孩子们年龄特点的活动,让"小脚丫币"能用起来并用好,有结余时还能经过合理的储蓄,让每个孩子能感受到财富的积累和合理应用。

作为外国语小学,学校要促进儿童对多元文化的理解,使其广见博闻,具有国际视野,并能汲取、反思本国的文化,由此产生了"多元文化课程",内容有中华传统文化:书法、武术、经典诵读、中国传统节日;世界文化之旅:"小脚丫走遍五大洲"、海外经历分享、世界节日大观;文化比较交流:礼待天下、多语种活动。多元文化必然有多元的价值,学校希望本校的儿童不仅能了解、欣赏中西方文化的精彩之处,也能进行比较、思考。未来社会是一个多元的社会,文化的多元、包容的多元、借鉴的多元,会是常态。因此,"多元文化课程",是从文化立身的角度来夯实做人的基础。

第三节　浸润幸福的特色课程

自 20 世纪 90 年代始,鼓励学校特色发展就成为我国基础教育改革的重要取向之一。针对学校特色学界做了大量的理论研究,实践中也在不断进行探索。从概念上说,学校特色是一所学校的个性和独特性,是一所学校整体的办学思路或者在各项工作中表现出来的积极的与众不同之处。正如有研究者所指出的,学校特色就是学校基于自身的历史传统和实际情况,在较长时间的办学实践中逐渐形成的一种区别于其他同类学校的独特、优质,而且相对稳定的办学特质。从学校特色的阐释出发,学校特色发展是学校根据对内部实际情况和外部环境变化的适应,对区域、学校资源进行挖掘或重组利用,使学校形成特定领域独特风格或优势的过程。

总体而言,当前对于学校特色是什么,学界一直存在文化说、个性说、优势说、独特说等认识,其中不乏深刻和独到之处,然而对学校特色要素构成及学校特色判断依据的认识仍然模糊,导致实践中学校特色建设的错位和混乱。在学校特色的各种构成要素中,学校的教育观,教育行为操作思路,教育教学具体行为,学校特色的物质载体等是核心部分[1],其中特色课程的建构又往往被视作是学校特色建设过程中最为重中之重的内容。课程是学校发展的核心,体现了学校的办学目标和宗旨。学校特色发展的核心是特色课程开发,即开发具有本校特色风格的校本课程。开发特色课程为学生个性化发展奠定了基础,为学生全面发展提供了多样化的选择。在特色学校建构的过程中,学校应组织校长、教师和校外专家等进行课程研修,形成研究共同体,充分整合学校资源,开发具有学校特色的课程。上外静小以培养具有幸福感、幸福力的学生为特色,这势必要求学校围绕学生幸福打造特色课程,形成浸润学生幸福的课程特色。

---

[1]　李旭,王强.论学校特色要素及其判断标准[J].教育发展研究,2019(6).

一、对学校幸福特色课程的研究思考

近年来,随着我国社会的发展,作为社会子系统之一的教育也呈现出了繁荣的景象[①],不论是专门的教育理论研究,还是学校层面的教育实践研究,都得到了充分的发展:投入的经费、优质期刊数量、学者数量、研究机构数量以及发表论文数量都在快速增长。但我们也发现,学界对教育研究质量方面的反思、抱怨以及出谋划策从未停止过[②],其根本原因就是研究与实践之间的沟壑始终没有得到根本性的消弭,教育研究与教育实践活动的紧密贴合和有效呼应关系没有得到很好的建构。从根本上说,教育研究是一种理性活动,理性既指人的行为能力,即形成概念、进行判断、分析、综合、比较、推理等能力,也是思维着的主体对外部存在的观念性掌握,对人的行为具有指导作用。理性分为理论理性和实践理性,教育研究是理论理性和实践理性的统一。因此,在理性层面,教育研究不仅探寻"是什么"的问题,对纷繁复杂的教育现象存在的状况、内在结构、本质和发展规律进行认识,建构"真"的知识,还要回答"应如何"和"怎么做"的问题[③]。基于对教育研究"理性"特征的分析,我们希望通过指向学生幸福感提升的课程研究,进一步明晰学校特色幸福课程建设的理念与思路。

(一)研究的缘由

2013 年,我们提出"办一所充满'幸福感'的学校",这是学校在原有基础上求得高阶发展的自我认知和自我定位,是经过了家长、学生、教师的问卷、访谈、对话之后的共识,给学校所有人以方向感。

2017 年,教育部重点课题《深化教育个性化:发达城区提升学生核心素养的实践性循证研究》全面展开研究,鉴于我校的基础和特点,区域将我们确立为三个区本素养的研究单位之一,开展以小学生获得幸福能力培养为指向的教育路径与方式的研究——小学生幸福能力养成的实证研究。

这一研究与我校的办学特色相一致,是我们一直以来孜孜探索希望给予学

---

①　王兆璟.论有意义的教育研究[J].教育研究,2008(7).
②　杨开城.教育研究的庸乱根由与出路[J].现代远程教育研究,2018(1).
③　李太平,刘燕楠.教育研究的转向:从理论理性到实践理性[J].教育研究,2014(3).

生的,有助于我们对于学校的实践做系统的梳理,对于学校课程与教学体系做出更为科学的顶层设计,做出更有深度与高度的提炼,从而促进学校的内涵发展,当然最重要的是让我们的学生在这个过程中,能够体验到学校与学习的幸福,积蓄应对未来生活的种种能力和素养。

我们通过开展小学生幸福能力养成的基本内涵和要素研究,形成不同层阶的小学生幸福能力指标,探索基于幸福能力养成的国家课程的校本化实施路径,以积极心理学运用改进现有的学生评价方法,形成新的评价制度。

(二)研究的过程

对于学生幸福能力养成的校本研究主要经历了四个前后相继的过程:

考察实践情境,确定实践问题。教师根据学生的表现,通过观察、问卷、量表、访谈等技术手段尽可能全面地收集信息,调查学生在校学习生活的满意度和影响小学生幸福感的因素。

根据现有问题,检索有效证据。研究小学生幸福能力及养成的基本内涵和要素,利用问题的关键词,在互联网上检索相关的数据库,对检索到的证据进行评估、判断,找出最佳的研究证据和解决方案。

依据检索证据,开展反思实践。各学科教师按照证据所提供的解决方案进行实践。在实践过程中,教师要时刻紧盯所要解决的问题,监控实践过程的进展,开展基于幸福能力养成的国家课程的校本化实施,培养学生感知、理解、创造幸福的能力。并依据实际情况,运用积极心理学随时调整、修正自己的实践计划,改进课堂教学和评价方式,形成各阶层小学生幸福能力指标。

实践反思完成,进行即时总结。教师反思实践过程中所采取的一切步骤与干预措施,针对具体问题的解决程度,总结经验教训,为下一次相似的实践找寻更好的应对方式。

(三)研究的结论

小学生幸福能力的基本内涵是:学生在自我认识和理解的基础上,确立适切目标,通过努力行动,获得自我满足和社会认同,并能够始终保持身心愉悦,积极乐观精神状态的能力。

小学生幸福能力养成从三个维度切入:理念格局、课程品质、儿童样态。我们把一年 365 天按月列在一根数轴线上,探索学生的多样性的成长需求和规律,有节奏地安排、设计一系列的课程体验,努力让学生在各种经历中去好奇、去尝试、去发现自己的优势领域,最终呈现出乐观、积极、善良、会合作会分享、有责任有担当的儿童样态。

小学生幸福能力养成有三个关键培育角度:阅读、艺术、运动,阅读让内心丰富起来,艺术使人高雅起来,而运动使人健康、活跃起来,我们认为:抱有艺术欣赏的意愿和对美的鉴赏能力,是未来一个人拥有幸福能力的关键要素。围绕这三个角度构建学校幸福课程体系。同时结合外国语学校特点,有机将外语课程学习纳入该体系中。

小学阶段幸福能力主要关注三种重要能力:学习力、沟通力、创造力,逐步形成不同年段学生发展基本目标。

小学生幸福能力养成主要把握三条实施路径,幸福能力养成从具体而微的行动开始,一间教室的布局、一类课程的架构、一种评价的推进、一种机制的创新……办学机制与幸福能力、家校生态与幸福能力、课程选择与幸福能力,通过幸福课程(活动)创生,幸福课堂营建,评价机制创新,促进学生不断提升其获得幸福的能力水平。

二、对学校幸福特色课程的行动设计

课程是支撑学校教育教学改革和人才培养质量提升的关键要素,也是关涉学生幸福的重要元素。纵观当下的基础教育课程教学改革,在教育教学领域,打造、创建、构筑富有选择性的教育是深化基础教育改革,落实素质教育理念的必然"选择"。自实施新课程改革以来,彰显学校课程的选择性、层次性和多样性,给予学生自由的选择机会与空间,以满足、适应不同学生发展的内在需要,已成为当下学校课程变革的思想共识[①]。从这种共识出发,上外静小着眼于学生幸福能力的提升,结合学生幸福力提升实践研究的成果,通过具有校本特色的幸福课程设计,既彰显了学生对于课程建设的主题价值,也让课程真正成为支撑学生幸福、浸润学生幸福的核心元素。

---

① 周佩玲,等.学生学习选择权与学校课程供给[J].教育科学,2018(4).

（一）幸福课程创生

在国家课程的校本化实施过程中，我们同时创造性实施了幸福课程，优化课程结构，丰富课程内涵，构建学校幸福力养成的"课程群落"，提升学生的学习力和创造力，着重培养学生感知、理解和创造幸福的能力，用学校课程的战略选择成就学生的幸福感（参见图2-2）。

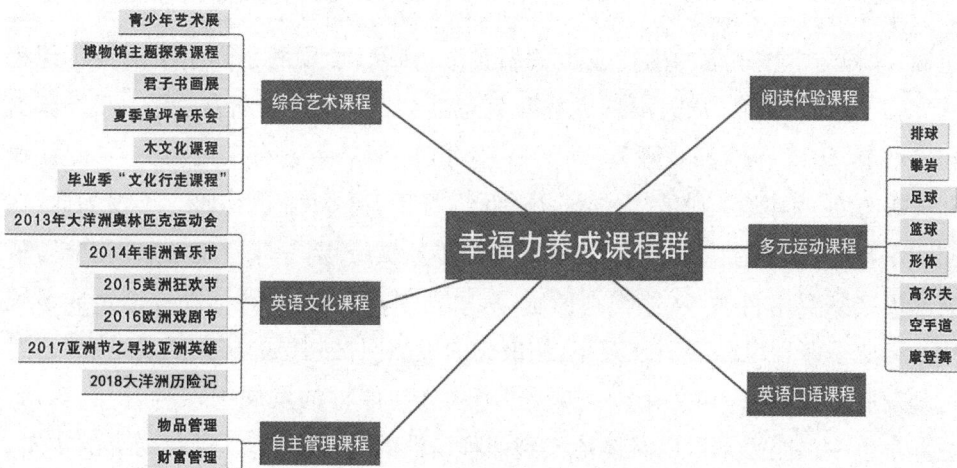

图2-2：上外静小学生幸福力养成课程群

（二）幸福课堂营建

在数学课堂上，我们尝试营建"幸福课堂"。小组合作学习作为一种良好的改善课堂气氛、帮助学生和老师相互交流、共同发展、高效实现课堂目标的教学理论与策略，我们积极运用。在合作学习过程中，学生在独立思考的前提下提出自己的意见，并在完成集体任务中体现自己的能力，又在互相帮助、彼此尊重、协同合作的过程中满足归属感和成就感，学习的主动性和热情被调动了起来，学生从自我价值提升的角度感受学习过程的幸福。

（三）评价机制创新

小学全外教英语口语测评的实践，从口语测评的目的，测评内容的选择，测评的具体实施路径，以及口测评价方式的构建等方面作了探索和改进，让学生感受英语表达的成就感与幸福感,收获自我认可,产生积极情绪和学习动力,形成学习的良性循环,促进了学生英语综合能力的提升,促进了教师教学行为的改善。还语言最纯粹的意义和功能——沟通的桥梁,思想的碰撞,文化的融合。

（四）特色课程研发

随着指向于学生幸福力提升的校本实践研究开展,学校课程的内涵不断被挖掘,课程与学生幸福的内在逻辑关系日渐清晰。学校的小脚丫英语特色课程从 2013 年开始至今,从大洋洲奥林匹克运动会、2014 年非洲音乐节、2015 年美洲狂欢节、2016 年欧洲戏剧节,到了 2017 年,亚洲节主题有了突破——"寻找亚洲英雄",而 2018 年,则是"大洋洲历险记",经历各种职业的体验。不仅如此,在实践中,我们深刻感受到,学校课程的界限不断被跨越,一年一度的"梅花节",从美术语文到音乐自然,从器物到情感,从家到国,简单的学科活动逐渐走向系统化。毕业季课程也已经历了五年,从最初的类似回忆感恩的庆典活动,我们已经将其发展成为毕业季"文化行走课程"。从这些课程的发展中,我们得到启示:滋养学生幸福能力是可以具体落实到课程设计的过程中的,从课程内容的丰富,到经历过程的多样,从学科核心到文化核心,从能力提升到心理品质培养,感受幸福、体验幸福到创造幸福是可以有机渗透的。更为重要的是,在实践中我们探索形成了一系列指向于学生幸福力提升的特色课程,不仅更加充分地发挥了课程对于学生幸福的承载价值,也让学校的课程特色、办学特色和人才培养特色更加清晰。

案　例

指向幸福体验的阅读课程

阅读是人的一生中最为重要的认知、幸福体验活动之一。我们从学生实际出发,解构和重构了十多种与阅读有关的活动,突出个性化,增强分享度与表达机会,构成一个幸福的全方位体验。

1. 推动图书角建设,营造幸福书香校园

图书角是班级阅读文化的展现,为学生提供了最为便捷的读书场所。孩子们在课后流连于图书角,或翻阅喜欢的书籍,或畅谈近期在书中读到的精彩章节。在营造班级日常读书氛围的过程中,学生成为图书角的建设者。

2. 制作"阅读智慧卡",助跑学生幸福阅读

阅读中,教师根据学生的年龄特点,指导学生制作"个性化的阅读智慧卡"。学生自编自画,既有当作家的自豪感,也充分享受了阅读的快乐。在阅读智慧卡的分享中,学生的语言组织能力、表达能力、创造性思维能力也在不断提升。

3. 推进整本书阅读,提升学生阅读幸福

整本书阅读项目推进过程中我们期待学生形成阅读习惯,有静读一本书的习惯,有坚持读完一本书的习惯,有带着任务阅读的习惯,有和伙伴阅读分享的习惯等。让阅读成为学生童年生活的一部分。当学生们能够体验并享受阅读所带来的乐趣时,就有了超越功利的好奇心,而这份阅读的好奇心对学生的幸福成长是极其宝贵的。

4. 引领文学素养(古诗文课),拓宽学生阅读视野

诵读和积累一定数量的经典古诗文,从而达到激发文学素养班的学生学习古诗文的积极性和主动性的目的,达到挖掘与诠释中华经典传统文化的内涵以及现实意义的目标,促进学生更好地熟悉诗词歌赋、亲近中华经典,更加广泛深入地领悟中华思想理念、传承中华传统美德、弘扬中华人文精神。

案 例

提升审美情趣的综合艺术课程

我们始终认为,在学校目前的课程中有三个领域能够影响学生一生幸福的:运动、阅读和艺术。"运动"使孩子健康、活跃起来,"阅读"让内心丰富起来,而"艺术"使人高雅起来。我们更认为,抱有艺术欣赏的意愿和对美的鉴赏与创造能力,是未来一个人拥有幸福能力的关键要素。

我们将艺术的大门打开,和其他学科融合,将校内外资源打通,拓展丰富多彩的艺术特色课程,创建健康活力、时尚优雅的艺术学科活动。引导孩子在艺术学习与活动中,大胆感受和体验各种艺术的美,充分发挥创造力,多层面全方位

地为每一个孩子提供艺术教育和展示机会。

学校和静安雕塑公园毗邻,那里是学生浸润艺术、展现才艺的"专属艺术中心"。每年三月,我们会在梅园举行"君子书画展",这是语文、美术学科联合设计的主题式课程学习,孩子们在春光里吟诗作画。每年六月,我们会在公园的星光亭举行"夏季草坪音乐会",每年有50多名学生在梦幻般的舞台上尽情挥洒演奏。我们与上海自然博物馆签约馆校协议,学生定期参加博物馆主题探索课程。我们借用公园的艺术中心举办为期一个月的"筑梦未来——青少年艺术展",我们把美术课搬到了艺术中心,孩子们迷恋在艺术中心的氛围中,每一双小手都能创造奇迹,师生800多个纸塑作品组成了一个当代艺术作品群,每一个孩子都能在艺术展中找到自己的作品。

我们尽最大的努力让学生在艺术学习课程与活动中,拥有艺术心流体验,感受幸福。可是我们依然发现还是不够,因此我们需要打开思路,营造更加自然美好、交融汇合的艺术体验氛围。于是,就有了"静安少年探索营"的建设。那是一个趣味横生的地方,一共三层。一层,木工车间;二层,艺术体操、攀岩;三层,英语绘本阅读、小剧场。每一个专用教室,有相应开发的艺术课程,学校的每一个孩子每学期都有机会参与学习体验,孩子们在那幢楼里流连忘返,全心投入体验每一个课程学习带来的快乐。

"小学校、大格局"的战略,所营造出的丰富多彩的艺术教育课程与活动,带给学生的艺术心流体验,让学生在小学五年所经历的不仅仅是一段生命,而是一段有质量充满活力的生命,必将影响其一生的幸福。

什么是课程?课程是经验,课程是生活。经验需要去做、去经历;生活的目标是幸福、是我们在一起共同体验与创造。离开了大千世界,我们的生活狭隘而单调;离开了自我的感受与领悟,我们的生活苍白而浅薄,更无从谈论幸福。曾经流行一句话"世界那么大,我想去看看",仅仅是看看不能获得幸福感。上外静小的课程就是要在世界与我之间寻找一条幸福之路,而课程领导的核心是价值引领。"看世界,做自己",学生要走向世界,走向未来。今天看清楚,是为了明天不迷失,而做自己,就是掌握好走向世界的本领,做是为了明天做得更好。这样的价值引领、课程体验能让人走向真正的幸福,这种幸福的达成,实际上也正是

新时代上外静小改革发展的战略选择。

办一所充满"幸福感"的学校
——学校课程的战略选择

2013 年,上外静小在制定四年发展规划时提出"办一所充满'幸福感'的学校",这是学校在原有基础上求得高阶发展的自我认知和自我定位,是经过了家长、学生、教师的问卷、访谈、对话之后的共识,是给学校所有人以方向感。

在"静安"这块教育高地中生存的一所民办小学,每年招生都要接受教育市场的考验。因此,鲜明的教育主张、优化的课程结构、愉悦的教育感受以及在持续创新中形成的一个个学校优质标签,逐渐提高着上外静小在社会和家长中的辨识度,如同在商业竞争中要满足细分市场服务对象的差异需求一样,我们也要寻找到与上外静小有着共同教育愿景的服务对象群。

每年的招生推介会上,我会以专业人士的身份"教"家长选择一所学校的三个角度:理念格局、课程品质、儿童样态,我们会重点展现学校在运动、艺术、阅读和英语四个学习领域的课程内容,尤其是孩子五年的学习经历。所以,每年这个时候都会出现同样的一幕:当家长走进上外静小,都会说"这个学校真的很小",但家长听完学校的表达,都会说"这个学校真的不小"。

说到小,上外静小有多小呢? 占地面积 3 860 平方米,建筑面积 5 820 平方米,操场面积 1 000 平方米,近 700 名学生,人均操场活动空间 1.4 平方米,没有运动哪有童年,何谈幸福? 因此,突破物理空间,打开校门,走出去,开发社会资源,与外部实现能量互换,从而实现增量变大,这是战略选择的第一步。

于是就有了校外"专属体育场"。每周二我们会组织三个年级外出运动,去静安区少体校运动一个下午,学生们换上运动服,酣畅淋漓,排球、篮球、击剑等金牌教练的优势项目充分体验。这个下午令学生非常期待。现在想来,三年前选择周二下午外出运动是明智的,如果有周一上学焦虑症,我们的孩子应该不会有;如果脑科学能证明周二下午的充分运动产生的多巴胺水平的上升所带来的愉快情绪在后半周的学习中有利于记忆、思维等智能水平的发挥,我们将更坚信这个决策丰厚的回报。

于是我们也拥有了让学生能浸润艺术、展现才艺的"专属艺术中心"——静安雕塑公园。学校和雕塑公园毗邻,每年 3 月,我们会在梅园举行"君子书画展";每年 6 月,我们会在公园的星光亭举行"夏季草坪音乐会"。我们与上海自然博物馆签约馆校协议,学生定期参加博物馆主题探索课程。我们借用公园的艺术中心举办为期一个月的"筑梦未来——青少年艺术展",在展出的 274 幅艺术作品中,有 40% 的作品来自校外,我们特邀了沪上十多所国际学校的学生高端作品参展,让孩子们看到自己未来的可能性。

办一所充满"幸福感"的学校,不仅给学生留下美好的校园记忆,让学生感受幸福,更要研究一个人如何获得持续幸福的能力。我们认为,在学校所有的课程中有三个领域是影响其一生的:运动、阅读、艺术。运动使你健康、活跃起来,阅读让内心丰富起来,而艺术使人高雅起来。我们认为:抱有艺术欣赏的意愿和对美的鉴赏能力,是未来一个人拥有幸福能力的关键要素。

小学校、大格局的战略选择不仅是拓展学习的物理空间,更是要通过优化课程结构,丰富课程内涵,从物理空间的大,走向精神世界的宽与深。"看世界、做自己",是上外静小的办学理念,让世界成为我的课堂,通过课程学习去认识客观世界、丰富内心世界,做更好的自己。

在上外静小,最具影响力的课程是"小脚丫走遍五大洲"英语文化节。每周一节英语拓展课上,学生学习当年要走的这个洲的风土人情、独特文化,然后年底举行盛大的场馆式课程体验活动。2013 年,大洋洲奥林匹克运动会;2014 年,非洲音乐节;2015 年美洲狂欢节;2016 年,欧洲戏剧节;到了 2017 年,基于培养全球胜任力的新思考,亚洲节主题有了突破,"寻找亚洲英雄"。我们以联合国颁布的 17 条可持续发展图标作为世界性的话题引领课程方向,从生态保护、男女平等、消除贫困、教育均等、维护和平等多个领域,选择 12 位各国英雄,组织"学生英语高峰论坛"。

毕业季"文化行走课程"中,我们通过学生制作"静安故事地图"引导学生如何"看世界",以学校为圆心,走访步行距离内的老建筑,用观察、聆听和信息检索等方式,打开尘封的往事,在此基础上,通过手绘地图和基于文献依据的非虚构创作,让学生经历一次与成长环境的深度对话,从聆听者转化为历史的记录者、讲述者。我们开发了包括有历史影响力的政治家、巨商、文化名人在内的十六位历史人物,二十三处老建筑,这一段段历史显得那么真实,藏在老建筑里不被人熟知的历史细节,往往有着值得铭记的人和事。这些地方,学生几乎每天上下学都经过,但不曾留意过。"看世界"就从自己脚下的这片土地开始,文化行走课程为孩子开设大课堂、塑造大格局。

学校发展的速度和品质很大程度上取决于促进的力量,主要有四种:1. "人力"方面的力量,强调"一个好校长就是一所好学校";2. 文化的力量,持久而深刻,力量的强大取决于教师对学校文化的认同程度;3. 制度的力量,强大而明确,力量的效用取决于执行力;4. 战略的力量,智慧而灵动,力量的发挥取决于对外部环境和内部能力的洞察。即学校能"在正确的时间和地点做正确的事"。对学校环境、内部能力和资源条件做出准确分析和理性判断,尤其是要对学校当前的问题做出系统分析,在此基础上才会有符合学校实际而又面向未来的战略选择。

第三章

学生成长——"幸福感"学校的生命激扬

故事

"心里有事"——一张特殊的假条

笑笑(化名)是一个"特殊"的孩子,他的特殊性体现在很多方面:他智商高,测达 150 以上,有着非常优越的遗传基因;他脸皮特别薄,但凡遇到感觉"丢面子"的事情就会选择逃避。在语文课上,他写作文的时候,写到一半会突然停下来,用一句"以下部分付费观看"结束作文;上课回答问题回答得不好,或者遇到什么"丢面子"的事情,他会直接从课堂上跑出来,跑到操场上。我有好几次不得不把他先带到自己的办公室,让他"消化"一下,然后再发消息给他的老师,告诉他我有事"请教"笑笑,耽误了时间,一会儿就送回。正是因为如此,我对这个孩子印象非常深刻。一年级家长开放日那天,这孩子午餐时当众打翻了汤碗,爸爸在,其他家长也在,他受不了了,背着书包就要回家。家长只能无奈跟着他回去。到家后,家长求助学校该怎么处理? 严厉批评? 当时我出了一个主意:"告诉笑笑同学不来学校是要办请假手续的,病假或事假,让笑笑同学写一张假条。"第二天,我收到了笑笑的假条,假条上写着四个字"心里有事"。这张特殊的假条,一直让我记忆犹新,也一直提醒着我,要理解和包容每一个孩子,因为在幸福的视阈中,在爱的话语体系下,学校里应该没有"问题孩子"。也正是这个特殊的孩子和他的家长,都多次在不同场合声称:"我们是校长的粉丝",我想,这一定是一种幸福的体验和甜蜜的表达。

教育是一个属人的世界,且是一个由现实的、具体的人构成的世界。具体人具有三重生命——"种生命""类生命"与"个生命"。"种生命"表明人是一种生命性存在,把人与物区别开来;"类生命"标识人是一种精神性存在,把人与动物区别开来;而"个生命"则意味着人是一种社会性存在,把人与人区别开来。教育是使人成为人,也可以说是使人的"种生命"转变为"类生命"和"个生命"的过程,因此,教育需要正确地看待、理解人的"种生命""类生命"和"个生命"及其关系,并用三重生命观重新筹划、谋略教育,在这其中,三个维度的教育价值尤为重要:首先,要敬畏人的"种生命",省思身体教育;其次,要提升人的"类生命",坚守教育理想;最后,要增值人的"个生命",完善教育生活[1]。

---

[1]　李润洲."具体人"及其教育意蕴[J].清华大学教育研究,2013(1).

　　从"具体的人"的理念出发,教育应实现从"抽象的人"向"具体的人"的转变,这已是许多学者的共识。特别是学校教育,直面的是每一个孩子。孩子的多样性,造就了教育生活的多样性,也就需要教师以"具体的人"的视角去看待孩子,去关心和帮助孩子,让抽象的"幸福"因为具体的行动关涉和体现在每个学生三个维度的生命成长之中。这既是学生幸福学校生活的基础,也是幸福教育应有的价值与内涵。基于这样的认识,上外静小认为,要把学生当作具体的人,要"基点、支点、亮点"三个角度去思考充满"幸福感"的学校的人才培养之道,让学生人才培养的过程,真正成为学生不断感受幸福、积淀幸福、创造幸福的过程。

第一节　基点：弘扬学校教育的学生立场

　　学校教育活动的开展和育人工作的达成必然有一个思维和行为的出发点，这个出发点就是学校教育的立场问题。立场，是认识和处理问题时所抱的态度和所处的地位，即你是为谁的。不同的立场，表明了不同的态度，影响着甚至决定着处理事物的方式和结局。

一、形成学生立场的教育认知

　　人是一种生命的存在，学校教育是直面人的生命、通过人的生命、为了人的生命质量的提高而进行的社会活动，是以人为本的社会中最体现生命关怀的一种事业。学校教育对个体生存方式的形成，有着潜移默化的作用。在学校教育中，校长、教师在教育教学过程中如何对待学生，学生就会如何对待自己的学习和生活，并且在日后更倾向于那样的生活[①]，而校长、教师在教育教学的过程中秉持怎样的立场，显然对其教书育人行为有着直观的影响。坚持以学生的成长作为设计和实施一切教育活动的出发点和归宿，以是否促进或者说有利于学生的主动健康成长作为衡量一切教育行为的道德尺度，是当前教育者亟待坚定的立场[②]，也是教育的基本立场。

　　教育的立场应有三条基准线：教育是为了谁的，是依靠谁来展开和进行的，又是从哪里出发的。毋庸置疑，教育是为了学生的，教育是依靠学生来展开和进行的，教育应从学生出发。这就是教育的立场，因此，教育的立场应是学生立场，学生立场鲜明地揭示了教育的根本命题、直抵教育的主旨[③]，也为学校任何领域的变革提供了根本的逻辑起点与价值遵循。

---

① 袁文娟.教育需要坚守"儿童立场"[J].中国教育学刊,2017(9).
② 杨小微.当代教师要有坚定的学生立场[J].教育发展研究,2008(15).
③ 成尚荣.儿童立场：教育从这儿出发[J].人民教育,2007(23).

二、基于学生立场的教育超越

教育是关于人的学问,教育的原点是育人①。然而,在许多研究与实践中,学生仅处于"形式上的存在",或被作为政治、经济、社会目的的实现工具,或被视为成人的附庸。结果,被承载外赋功能的个体困于教育之中,个体、社会都未能完满。因此,在推进教育变革的过程中真正弘扬学生立场已经成为事关学生幸福和教育改革成败的关键性问题。学生立场是学生主体地位派生出来的概念,是学生发展的逻辑起点,也是教育研究与实践所应秉持的思想基础。学生立场是基点,由此,需要完成基于学生立场的教育理念与实践超越。

(一)学校教育要充分尊重学生和唤醒学生

基于学生立场的教育超越,要在尊重学生的基础上唤醒学生。这意味着要尊重学生人格、自尊心和个性,尊重学生的过去、差异和未成熟状态,面对学生要有生命的敬畏与关怀。教育各主体间是"我与你"的关系,进而形成"我们"。教育不能局限于他者立场的学生,局限于学生成绩,局限于个别学生,无论什么样学生的发言或行动都有其自身的"逻辑世界②",这意味着教育要藉由学生体认与参与,以认识客观世界、认识他人世界与自我世界,获悉人类文化的基本素养,学会与人共处,学会自我精进。这意味着要遵从学生的逻辑世界,以发展的、动态的、持续的过程性思维来看待学生的终极性发展与暂时性表现之间的关系。这意味着要唤起学生内在发展的驱动,点亮生命的光点,激发其内在苏醒力,通过学生自我内在超越性的诉求与自我更新的动力得以发展。

(二)学校教育要把学生真正当作学生

基于学生立场的教育超越,要把学生当作学生。"把学生当作学生"意味着不把学生作为"小白鼠""待哺的羔羊""罐装容器",而把学生视为发展过程中不断成长的人,以他们的实际情况为基础,尊重发展规律,协助和指导学生慢慢成长。学生不是被动接受知识的对象化存在,不是羸弱的需要保护的对象或者成

---

① 鲁洁.教育的原点:育人[J].华东师范大学学报(教育科学版),2008(4).
② 佐藤学.静悄悄的革命[M].李季湄,译.长春:长春出版社,2003:49.

人的缩小版,也不是为了实现外在所指功能的物化工具。作为学生,他们从各式各样的家庭中来,携带着个人史的痕迹(历史、文化、生物的综合视角),携带着诸多发展的空间与可能以及作为人自身的局限,携带着走向未来的先在基础与超越之可能。基于学生立场的教育超越要遵从学生的天性、社会性和特性,教育要以可塑、过程、发展、关爱的视域来看待学生,把学生从资料中、从被动的对象中、从动物性存在、片面化的人、物化的人等中解放出来。

(三)学校教育要回归促进学生发展的价值要求

基于学生立场的教育超越,要回归教育本义——发展学生。教育的本义是:引出、向善①。学生立场的教育就是要与学生一起从蒙蔽的状态中走出,依托合适的活动实现道德人格、健全人格、社会人格。学习是从个体出发,经过与同伴的合作,再返回到个体的学习。学习是从身心向他人敞开,接纳异质的未知东西开始的,是靠"被动的能动性"来实现的行为。基于学生立场的教育超越,不是对学生的纵容与流放,不是为了即刻的表现或成就,不拒斥知识、不对抗社会、不对立于教师,而是遵循"什么是学习""什么是教育"之内在性质,引导学生走向长远发展的起始点,是指向有助于学生身体、心理、智识、道德等圆通、圆融、通达状态之长久发展的教育。该教育超越是为达到"不役于物,心无凝滞"而不断努力、超越自我的自我努力和共同奋进②。在这一过程中,特别需要关注的是,从教育的学生立场看待学生的发展价值,这种发展不应该是被动的、低效的,而应该是一种充满幸福体验的主动发展,倡导学生的幸福成长,增强学生的幸福体验,这是学校教育回归促进学生发展价值的应有之义。

三、彰显学生立场的话语建构

对于学校管理和教育教学的变革而言,"学生立场"不是一个口号,也不应该仅仅停留在理念层面,而是要真正渗透在实践之中,特别是要通过学校个性化的思考和设计,将学生立场具体化、实践化,建构具有学校特质的学生立场承载体系。在上外静小,我们对于学校教育学生立场的最好阐释和回答,就是我们一直

---

① 陈桂生.普通教育学纲要[M].上海:华东师范大学出版社,2009:7.
② 陈玉华.学生立场:教育研究与实践的出发与回归[J].中国教育学刊,2017(1).

强调的"三句话"——学校是允许孩子犯错的地方；学校是孩子寻找伙伴的地方；学校是帮助孩子成为最好的自己的地方。这"三个地方"支撑起学校的幸福感之大厦，这三句话为有幸福感的学校正名，这三句话也成为我们对学校教育学生立场的校本性话语建构。

（一）学校是允许孩子犯错的地方

"以人为本"是当今教育的重要特征和核心要求。"以人为本"的教育实践不仅需要通过每一所学校实现，在中观层面也需要每一堂课程的参与，更为重要的是作为学生学习过程中重要协助者——教师的参与。教师与学生是教育实践场域中最基本的一对关系，教师也是对学生进行教育的最直接的行动者，无论是国家的教育政策目标，还是学校的教学目标，都需通过教师这一介质传导至学生。"以人为本"的教育实践中学生主体地位的实现成为关键，而在这一过程中，最为重要的是教师角色的转变与实现[1]。回归到现实的学校教育生活，当一些老师把"你怎么又这样了"变成指责学生的口头禅，当一些学校将学生犯错作为集体扣分的选项时，上外静小却大胆而又明确地宣示：学校是允许孩子犯错的地方，这让学生松了口气，也让老师多了一份责任。

在上外静小，恨铁不成钢的不满变成了宽容；从对犯错指责变成了事先的预防，因为在校长、老师眼里，学生成长是伴着过程的，有时犯错正是进步的台阶。

在学校刚刚装修完毕的厕所之中，有两个孩子被同学"举报"在厕所的墙面上乱涂乱画。面对类似的事情，相信绝大多数老师头脑中首先闪现的一定是学生"不听话""破坏纪律""调皮捣蛋"的刻板印象。但是在上外静小，上到校长，下到每一个教师，我们都深信，任何一个孩子的内心都是向善的，小朋友的犯错，背后一定隐含着某种善意。我们的老师把两个"犯错"的孩子叫到身边询问缘由，两个孩子说："我们的新厕所虽然很漂亮，但是男女的标志却不够清晰，我们发现经常会有男女生跑错厕所的现象。于是我们在男厕所这边的墙上涂上了醒目的标志：女生，NO ENTRANCE（禁止入内）。"看到有同学在墙上涂鸦，后面也有同学跟进，又在墙上填补了一些其他元素。了解到这样的情况后，我们没有批评学生，反而引导学生通过合理的想象继续在厕所的墙上"增光添彩"，在不断地元

---

① 邱德明.论我国教育"以人为本"存在的合理性问题[J].当代教育科学,2018(2).

素融入后,学校的厕所成了深受学生喜爱的"网红打卡地"。

允许孩子犯错并不等于对学生犯错的迁就和纵容。允许,是说学生不慎犯错,我们不能冷眼相对;是说学生不必犯错,我们不能熟视无睹;是说学生不是不能犯错,但要知错就改。允许,是对不慎的宽容,是对不必的警示,是对不能的纠偏。允许,对老师而言,是态度,是辨别,是选择。

(二)学校是孩子寻找伙伴的地方

社会性、交往性是人的生命存在的重要属性,这也就意味着,人的生存与发展离不开"关系",个人的正常生命活动不仅要求与环境交流信息,而且要求同环境建立某种有情感意义的关系。而且,人的生命活动是人与世界交互作用的过程,一定会生成多样的关系;关系本身的建立、发展、变化,也就意味着人的生命活动本身的变化与发展。从教育的维度看,学生在班级日常生活中,在学校教育生活中,建立着与物理环境、社会组织与文化等多层次的关系,建立着与物、与事、与人的多类型关系。关系的质量,就体现着学生发展的状态;关系的发展,就意味着学生的发展。即便是从自我意识发展的意义上说,"儿童活动领域的分化,'关系人'(父母、幼儿园保育员、学校教师、同龄人)数量的增加,必然使别人观察他的角度、侧面也随之增多,从而必然产生一些矛盾和冲突,这些矛盾和冲突促进着儿童的自主意识发展,并且使他由依赖'外部'评价转而仰赖自我评价"[1]。从这个角度出发,关系具有孕育学生发展的意义[2],也必然具有促进学生生命成长和幸福人生的价值。

学生的幸福感,不仅来自自身,而且来自同伴之间,需要正确认识自己、同伴、集体,而学校就是通过组织活动,提供让孩子寻找伙伴的机会,以获得个人的成就感、集体的归属感。

学校开展"幸福小当家"系列活动:一年级通过整理书包和桌肚小柜,学会自己的事情自己做;二年级通过设立小岗位,让每一个学生为班级服务,为伙伴服务,学着他人的事情帮着做;三年级从校园执勤中队入手,让学生在执勤中感悟责任的意义,学着集体的事情争着做;四年级通过体验父母职业实践活动,让

---

① 科恩.自我论[M].佟景韩,等译.北京:生活·读书·新知三联书店,1986:283-367.
② 李家成.论学生发展在班级生活中的实现——基于中国学生与班级同学关系的视角[J].四川师范大学学报(社会科学版),2015(1).

学生设计探访流程、探访问题和探访思考,感悟职业的魅力和艰辛;五年级通过职业梦想实践活动,从规划未来、梳理目标入手,让学生充满学习的激情和动力。

学校每年 12 月末开展的"感恩系列活动",就是找到伙伴的具体实践。这项"与爱相伴开启新年"的活动重在培育人际间的真情。第一部分"墨香飘送福贺新年"。在美术老师和书法家金恺承老师的指导下,校园内福字满园,学生为保安、保洁阿姨、厨师、退休老教师、居委会、雕塑公园送上新年的祝福。第二部分"让我说声谢谢你"。全校每一位学生写一张"感谢卡",对曾经帮助或想表达谢意的人送上温暖的话语。第三部分"幸福天使在行动"。引导每一位学生做一件让对方感到幸福的小事情,如为保洁阿姨递上一杯热水,为老师帮送一天的作业本……这种幸福传递让校园里充满温情。

(三)学校是帮助孩子成为最好的自己的地方

教育是有境界的,正如人生有不同境界一样。长期以来,受工具理性主义、实用主义、技术主义的强势影响,教育越来越沉迷于"功用"的境界。"功用"境界教育重视的是教育对个体、社会和家庭具有何种外部功利的意义与价值,衡量与评判教育是否成功的标准是外部的各种指标,外部标准成了教育追求利益最大化的终极目标,而在这一过程中,学生的生命价值,教育的生命意蕴,没有得到充分的重视,也正是因为如此,从生命成长、生命超越的维度理解教育的境界,成为当下教育改革发展中的流行话语方式。

"生命"境界的教育更加关注儿童当下及未来人生的意义与价值,关怀如何创造幸福而有意义的教育生活,从而能"诗意性"地表达深刻的教育的生命意义与内在唤醒的力量,能"艺术性"地建构丰富多元与趣味盎然的教育主题,能"非理性"地将教育导入拥有"人文情怀"与"大爱精神"的天地,能"自主性"地根据学生的成长需求与个别差异生成各种适宜的教育方案,提供多种选择的可能性。"生命"境界的教育寻求的是创设幸福而有意义的实践生活,以激励学生藉由此过程,得到"内烁"的成长。这样的教育过程不是外部强加的,而是师生共同创造的;教育的目标不是纯粹外在的,而是师生共同建构的;教育的终极价值不是"希望"学生成为成人所期望的"那个样子"①,而是帮助学生不断实现自我超越,成

---

① 姜勇,郑楚楚,戴乃恩.论"生命"境界的教育[J].中国教育学刊,2017(2).

为最好的自己。

　　幸福感是实在的,感受得到的,为了让每一个孩子在学校教育中不断取得生命的突破和超越,成为最好的自己,学校注重搭建学生成长的舞台,为学生提供幸福的源泉。

　　在上外静小,校内是舞台,校外也是舞台,课程是舞台,活动也是舞台。

　　让学生成为最好的自己,学校对学生的培养目标作了具体的设定:做快乐的学习者,好奇的旅行家,用心的公益人。"快乐的学习者"即对学习充满兴趣且有方法;"好奇的旅行家"即对外部世界好奇且能探索;"用心的公益人"即内心向善向上且有善举。

　　让学生成为最好的自己,学校从小学生幸福能力养成的三个维度切入:理念格局、课程品质、儿童样态。我们把一年 365 天按月列在一根数轴线上,探索学生的多样性的成长需求和规律,有节奏地安排、设计一系列的课程体验,努力让学生在各种经历中去好奇、去尝试、去发现自己的优势领域,最终呈现出乐观、积极、善良、会合作会分享、有责任有担当的儿童样态。学校从小学生幸福能力养成三个关键培育角度"阅读、艺术、运动"加大力度:阅读让内心丰富起来,艺术使人高雅起来,运动使人健康、活跃起来,效果明显。学生生命成长的不断自我超越也有了更为现实、多元的载体。

第二节 支点：建构关涉幸福的育人体系

人类社会发展史表明，全球性危机往往伴随着重大变革，而且与教育紧密相连。目前，一场重大的变革迹象已经显现，西方发达国家都在采取措施积极应对这场新的工业革命。人们把这场新的变革命名为"第三次工业革命"。在教育领域，第三次工业革命带来了个性化、数字化、远程化、定制化、差异化、分散合作、扁平式组织结构等新的教育理念，对目前的教育模式将产生革命性的影响。从中国基础教育改革的现实背景看，在进入中国特色社会主义新时代的宏观背景下，社会变革更加急剧，经济发展更加迅猛，教育改革的呼声也日渐迫切。在这样的情况下，中国教育如何培养适应当代社会变革的各类人才以契合时代与社会发展的要求，是一个具有全局性、战略性、前瞻性和根本性的重大问题，需要引起政府、学界乃至全社会的高度重视①。

"为谁培养人、培养什么人、怎样培养人"是事关党和国家前途命运的重大问题，也是我国社会主义教育事业发展必须解决好的根本问题。党的十八大以来，习近平总书记就"培养什么人、怎样培养人、为谁培养人"发表了一系列重要论述，深刻回答了教育事业发展的根本性、方向性、全局性、战略性重大问题。在全国教育大会上，总书记特别强调培养人要在坚定理想信念上下功夫，要在厚植爱国主义情怀上下功夫，要在加强品德修养上下功夫，要在增长知识见识上下功夫，要在培养奋斗精神上下功夫，要在增强综合素质上下功夫。"六个下功夫"明确了新时代学生的基本素质和精神状态，是我们做好新时代人才培养工作的行动指南②，也为学校教育中建构指向于学生幸福生活的人才培养体系提供了重要遵循。

在上外静小看来，学校教育要回应时代发展的需求，最重要的方式是通过人才培养模式的不断变革培养高素质的人才，在人才培养理念的深刻转变，人才培养目标的持续提升，人才培养内容的不断丰富以及人才培养方式和途径的变革

① 周洪宇,鲍成中.第三次工业革命与人才培养模式变革[J].教育研究,2013(10).
② 胡占君.准确把握人才培养的根本问题[J].中国高等教育,2019(11).

创新基础上,打造学校特色的育人模式,实现教育育人根本价值、学校发展价值和教育服务社会价值的有机统一。在这一过程中,特别重要的是要将社会发展对于教育变革的最新需求、最新理念、最新期待与学校的人才培养独特设计有效融合,形成既体现时代发展需要又彰显学校特色的高水平学校人才培养体系。

一、在道德的养成中感悟幸福

幸福的积淀是需要德性的养分的。"道德"与"幸福"作为学生生命成长的两个关键词,之间必然应该存在一定的内在逻辑联系。在近年幸福研究的热潮中,幸福与道德的关系即德福关系,是一个引人瞩目的论题。总体来看,探讨幸福与道德统一性的文献较多,对二者的区别与悖离关注不够①。综合现有的相关研究,关于道德与幸福的关系,存在两种截然不同的认识:一种是直接同一论,即认为道德与幸福根本就是一回事,道德即幸福,二者不可分割,不存在无道德的幸福,也不存在无幸福的道德;另一种观点认为,道德与幸福原本就是两码事,没有多少关联,更不可能直接同一,因为幸福遵循的是"最大快乐"逻辑,而道德遵循的是"自我立法"的逻辑。因此,"成为一个幸福的人,与成为一个道德的人,只有在理想的情况下才是一致的,而在现实生活中两者不一致甚至相互妨碍的情形是屡见不鲜的"②。其实,这两种看似不同的观点,从不同侧面揭示了同一个原理,那就是道德与幸福存在一种非线性的关系。这种非线性表明道德与幸福不是机械对应的,可能有分离的时候,但更有互为条件的时候③。从道德与幸福的关系出发,上外静小认为,尽管学校的发展以培养具有幸福感的学生为重要价值导向,但是这种幸福体验不是无约束的、无节制的、无边界的,而是必须要以学生道德的养成为前提,以学生内在的自我道德约束和警醒为途径。也就是说,我们要培养的幸福学生,首先应该是有道德的学生,学生的幸福应该建立在学生个体道德和社会公德的整体范畴之内。

近年来,随着社会转型发展,学校领域中各类矛盾交织、冲突显现,各类"非道德"的行为也屡见不鲜,尽管在实施这些"非道德"行为的过程中,学生自我的

① 韩跃红.道德与幸福关系的历史与现实[J].思想战线,2014(3).
② 田海平.如何看待道德与幸福的一致性[J].道德与文明,2014(3).
③ 李建华.道德幸福 何种幸福[J].天津社会科学,2021(2).

身心体验也可能是"愉悦"甚至"幸福"的,但是这种与道德要求相悖离的"幸福"显然不是我们所预期、所需要的。党的十八大以来,立德树人作为教育的根本任务越来越成为引领教育改革发展和人才培养改革的核心价值指向,在这一指向下,培养具有幸福感的学生,最为基础的就是要通过有效的道德养成教育,建构学生"幸福"与"道德"的一致性逻辑体系,让学生实现有道德的成长,并在道德的养成中感悟幸福。

(一) 开发特色自主德育课程

教育发展史上,德育作为课程存在的合理性一直存在着争议,尤其是近代以来,一般人们称之为直接法和间接法之争。直接法强调通过单独设立课程进行道德教育,间接法主张在各门学科教学中渗透道德教育,没有必要单独开设道德课程。这两种认识在各个时代和各个国家有着不同的表现,并于今天走向了融合①。在当今社会,不论是从学校完整课程体系的建构看,还是从有效的道德教育实施需求看,都有必要通过完整的德育课程体系建构形成支撑学校德育有效性的物质支持。一般来说,课程体系是指在一定的教育价值理念指导下,将课程的各个构成要素加以排列组合,使各个课程要素在动态过程中统一指向课程体系目标(或专业目标)实现的系统②。相应地,学校德育课程体系就是指学校为实现德育目标而设计的包括课程设置、教学内容、教学方式、教材等各课程构成要素的有机结合的整体③。从不同的角度解释德育课程体系,可以有不同的认知与结论。对于学校而言,最为常见的理解,就是要形成国家课程、地方课程和校本课程系统联动的德育课程体系,在这一过程中,特色性的德育校本课程开发始终是一个热点问题、焦点问题。

1. 开发五大管理课程

上外静小着眼于培养学生的幸福力,打造具有幸福感的学校,根据"管理学"概念和理念,创建了现代小学生自主管理课程,即物品管理课程、形象管理课程、心情管理课程、时间管理课程、财富管理课程,着力培养具有自律、自主意识和能力的现代小学生,为学生人生幸福奠定基础,创设更多可能。

---

① 吴维屏.德育课程厘定——以国外德育课程理论与实践为视角[J].外国中小学教育,2018(10).
② 胡弼成.个体发展指向:大学课程体系的本质[J].黑龙江高教研究,2008(6).
③ 倪邦文.论我国学校德育课程体系的科学构建[J].中国青年社会科学,2018(6).

"物品管理"课程：为了培养学生的自理能力，养成良好的生活习惯和公共意识，学校在一、二、三年级开设了物品管理课程，从"个人物品""班级物品""公共物品"三个维度由内向外延伸，由班主任、学科老师及家长三方合作，家校协同，落实课程目标。班内，班主任通过午间活动和班会课，对学生进行物品管理的指导和训练；课上，音乐、体育、美术等学科老师对专用教室、专科物品的管理提出具体要求；校外，将物品管理纳入春秋游等社会实践活动中，通过奖励评价，促进学生管理好自己的随身物品；家中，家长指导学生管理好自己的"小天地"。为了激发学生的积极性，课程采用小岗位责任制和小导师互助制，在观摩、展示和评价中，提升了学生对物品的管理责任心，做事的条理性，逐步养成了物品管理的好习惯。

"形象管理"课程："形象管理"课程旨在帮助学生养成行为礼仪，提升形象素养。课程从文明礼仪、举止言行、场合规范、男生女生气质等方面设计实施。"主动问好""文明课间""两分钟预备铃快静齐""有序放学""西餐礼仪"是校园行为礼仪规范的主要内容，通过明确礼仪规范要求和评比，引领学生做一个有规范、懂文明的小学生。学校特设"男生跆拳道、女生形体舞"小班化教学，培养女生仪态优雅的外形，练就男生的阳刚之气。学校开展"微笑天使""美德少年"评选，激励学生注重自己的形象，倡导学生在校园、家庭和社会上，用自己的行为举止展现"最好的自己"，树立一种风尚。

"心情管理"课程："心情管理"课程，是以专业的心理学技术与运用作为支撑，开发系列情绪管理主题活动，引导学生将情绪通过倾诉、分享等方式进行宣泄或调节，帮助学生提升应对不同情绪的能力。课程通过心理活动课、午间俱乐部、主题班会、阳光社团等途径，由心理教师、班主任设计一系列有趣有效的主题活动，在体验中学习自我管理。例如"心情卡片"是引导学生遇到强烈的情绪体验时，通过涂鸦动物卡片缓解负面情绪。"每月分享日"是学生自主发出邀请卡将"心情百宝箱"中的事情有选择地向老师、家长或朋友进行倾诉或分享，调整心情感受。

"时间管理"课程：有效利用时间，合理规划是一种重要的学习能力，学校依据学生生活作息、日常学习经历，为各个年级量身定制了"时间管理"实践板块，如我的独家"课程表""假日单""月历表""年历表"，尝试定制时间表；又如"两分钟预备铃的妙用""经典名言的分享""我的作业我做主""节假日里的我"等主题分享活动。让学生感悟时间的意义,制订学习计划,学会惜时窍门,化整为零,分清主次,提升学习的自觉性和高效性。

"财富管理"课程:为引导学生运用数学知识解决生活中的问题,掌握基本的金融知识与工具,正确对待金钱,形成良好的价值判断,学校开设了"财富管理"课程。课程分为三种类型,即金融专业大课堂、数字银行小课堂、"创智赢家"微活动。在理财专业大课堂中,金融专家走进校园向学生介绍理财的基本知识、方法、技能和理财品质;在数字银行小课堂中,结合数学学习及学生能力,开设财富管理"十大单元",将数字银行相关内容融入数学课堂中,强化知识的交叉、渗透和整合;创设"创智赢家"微活动,让学生在实际生活中实践运用,利用"家庭消费""创业微店"的活动平台,引导学生理性消费,了解营销策略,检测课程成效。在课程实施中,我们凸显三大策略,即优化课堂教育,侧重针对性;利用社会课堂,侧重主体性;切实延伸"家庭课堂",侧重体验性。在课程实施和发展中,学校创设了特有的流通货币——小脚丫币,个人财富记录的小脚丫存折,用于流通交易的小脚丫银行和小脚丫超市,这大大激发了学生对课程学习的兴趣,更激励学生在学习和运用中,逐步养成正确的消费观和理财观(参见表3-1)。

表3-1:上外静小"财富管理""十大单元"微课程

内 容 名 称	针 对 年 级
1. 货币的起源——物物交换	一年级第一学期
2. 从中国古代货币到人民币	一年级第二学期
3. 跳蚤市场	二年级第一学期
4. 我是小小理财家	二年级第二学期
5. 团体票一定划算吗	三年级第一学期
6. 购物的学问——货比三家	三年级第二学期
7. 外币的兑换	四年级第一学期
8. 暑期出游计划	四年级第二学期
9. 生活中的分段计费	五年级第一学期
10. 创智赢家	五年级第二学期

2. 设计特色节日课程

学校注重开展中西方传统节日活动，开发校本特色节日，弘扬民族精神，拓宽国际视野，提升综合能力。学校立足于中国传统文化，拓展国际视野，选择了部分中西方节日，利用节日文化蕴含着的德育资源开展节日文化活动。同时，学校还设立了校本特色节，在体验活动中培育民族精神，了解多元文化，达成育人目标。学校以十大节日为切入口，开展内容丰富、实施灵活的文化活动，注重文化引领，挖掘节日内涵，丰富实践经历（参见表 3－2）。

表 3－2：上外静小校园特色节日课程

类　别	节日名称	主要活动内容
中国传统节日	元宵节	猜灯谜、做元宵、吃元宵、创诗词
	中秋节	话中秋、画中秋
	重阳节	秋游采摘、孝敬长辈、老少同乐
世界文化节日	感恩节	我的 DIY 礼物
	父亲节、母亲节	诗句创作
校园特色节日	英语节	小脚丫走遍五大洲
	伙伴节	六一伙伴游戏活动
	探秘节	春秋游、雕塑公园探秘、N 项社会体验实践活动
	追梦节	十一向国旗敬礼、诗书话中华、毕业季二日营、十大见闻评选
	公益节	捐赠、游学、手拉手互动、助学

除此之外，围绕学校育人目标"用心的公益人"，每逢公益节，全校师生尽其所能做一件实事。例如"小奶牛行动"，每晚睡前阅读二十分钟，用家长奖励的零钱为藏南孤儿院建一口井；"DIY 艺术品拍卖会"，为非洲肯尼亚村庄建了一座水塔；"温暖小脚丫"捐鞋；"山里的孩子来游学"，藏族、佤族、彝族师生近 20 人来学校游学体验；为希望小学捐赠图书 2 000 本，建立"小脚丫阳光图书室"，开展"病房学校快乐课堂"等助学活动。四年来，师生、家长约 4 500 人次参加了公益节活动，志愿者队伍在壮大，互爱互助的暖流在传递。

3. 落实仪式教育课程

学校仪式是"学校全体成员在长期教育教学实践中积累的、在日常校园生活中形成的、经过多次重复而形成惯例的活动或程式化活动的统称"①。学校仪式是学生校园生活的重要组成部分,是学校文化的重要表现形式,属于学校隐形课程。学校仪式"是一种融知、情、意、行于一体的活动②"。学校日常生活仪式具有育人价值和社会功能实现的双重基础,承载一定的职责和社会功能,是师生日常生活自我呈现的重要表达方式,能够促进学生个体生命主动、和谐、积极、向上、健康地发展③。学校仪式教育,也是对学生进行理想信念和道德情怀教育的有效方式。

在上外静小看来,学校的仪式教育对学生的心灵起着深刻、持久、潜移默化的感染效应,仪式教育以庄重的气氛、规范的程序来感染每一位亲临者。学校各年段的德育主题教育活动中均精心地设计了符合学生身心发展特点的仪式教育活动。如一年级:"我是小学生"入学仪式、"加入儿童团"入团仪式;二年级:"我是少先队员"入队仪式;三年级:"我是升旗手,我们是国旗班"的十岁队列仪式;四年级:"我是哥哥姐姐了"岗位服务任职仪式;五年级:"我是毕业生了"毕业季课程汇报仪式以及毕业典礼。除分年级系列仪式教育之外,学校还有常规的仪式活动,如:开学典礼、《小脚丫》校刊发送仪式、"假期十大见闻"展评等。综合而言,近年来,德育处分阶段有重点地实践各年级的仪式教育活动,借助仪式教育特有的规范性、导向性和感染力,凸显育人价值,落实育人目标,彰显办学品质。

(二) 研究个性化评价方式

对学生开展有效的德育,需要建构相应的评价体系。从我国德育评价实践的发展历程来看,它主要经历了从依靠经验判断到采用考试考核再到强调多元评价的发展演变过程。在我国古代,伦理道德备受推崇,社会将道德评价摆在一个极高的位置。但受文化传统和时代局限性的影响,我国古代的道德评价主要通过察言观行、情境测验、自我评价等方法来评定评价对象的道德水平,具有典型的主观经验特征。近代以来,尤其是 20 世纪初教育测量运动在我国兴起以来,我国各级各类学校教育纷纷以教育测量为手段,以德育课程考试成绩为依

① 何茜.文化育人的载体:校园仪式建设[J].思想理论教育,2012(17).
② 张梅.对我国当前校园仪式教育功能缺失的思考[J].现代教育科学,2014(10).
③ 许胜利,黎立夏.学校仪式教育的类型、特征及功能[J].教学与管理,2021(3).

据,以知识测验的分数来衡量德育活动的效果,从而形成一种科学主义取向的德育评价范式。20 世纪 90 年代末我国实施素质教育以来,人们开始对德育评价实践活动中过度依赖德育课程考试的做法进行反思和批判,主张在考查学生道德知识的同时,要更多地关注学生的情感、态度、价值观以及非理性甚至潜意识成分,人文主义取向的德育评价特征日益凸显①。近年来,随着教育评价的改革,人们越来越认识到,道德领域的评价有很强的复杂性,单纯的考试或者数据分析,哪怕能够融入相应的质性描述,往往也难以真正触及学生德育评价的内核,也就难以真正促进学生的幸福体验。基于这样的认识,上外静小依托校本探索,形成了关于道德评价的一系列个性做法,既有效促进了学生的道德养成,也让学生幸福感的提升有了更多承载和保障。

其一,实施奖券机制。"看世界,做自己"是学校的办学理念。我们追求"办一所充满'幸福感'的学校"。即"学校是允许孩子犯错的地方;学校是孩子寻找伙伴的地方;学校是帮助孩子成为最好的自己的地方"。我们着力营造和谐的人际关系,让每一位学生在这和谐融洽的环境中认识自己、发现自己、完善自己。学校设立了"真诚 Sorry 券",犯了错误可以抵消;"阳光下午茶券",在学校指定日预约,邀请好友,共享下午茶;"社团体验券",去自己喜欢的社团体验一次;"借书 OK 券",一次可借三本书;还有"电影观摩券""作业免做券"等。如何获得这些奖券? 如何评价学生? 规则是由班主任、孩子们和家委会商定的班级公约。班级公约,让集体有规则有公约,让每个人有权利也有义务。通过丰富多样的评价方式,促进学生的不断发展。

其二,建立"班级发展报告"机制。班级是传递教育信息的第一现场。学校实行了基于建立班级档案的管理机制,即"年度班级发展报告",分"前期分析""现场观察""访谈记录""发展报告"四个步骤操作。班主任完成班级"前期分析"的"客观信息"和"主观描述";管理者进入"现场观察",紧扣"两个维度"和"一个聚焦"了解班级全时段教育教学活动情况;"聚焦学生",重点观察、记录该班学生的行为习惯和学习状态,获得"班级群体特征"和"个体情况"两方面信息;最终,由行政观察员完成一份年度班级发展报告,形成"班级档案"。此项管理机制旨在提升教师的职业敏感度,提升德育管理者的专业眼光和指导能力,更重要的是

---

① 陆启越.德育评价范式:内涵、类型及演变[J].教学与管理,2021(3).

改变以往对班级学生的模糊判断,深入班级现场,发现问题,发扬经验,发展教师。

其三,搭建多维度育人实践平台。从注重培养学生综合能力着手,多方位、多角度地创设实践锻炼的舞台。在年度的少先队评优工作中,我们通过试点改革,创设了"候选人自我介绍+即兴话题演讲"的组合竞选模式,这一机制改革改变了以往候选人精心准备后的"一言堂",改进了以往"介绍+投票"的传统模式,现场选题融入与时俱进的时代内容,场上队员获得历练,场下伙伴学有所获。完善少先队表彰评优机制,实行班级发展报告机制,设计丰富多样的评价方式,满足不同学生的个性需求和多样发展。

(三)打造高质量德育队伍

不论是学校德育的改进,还是学生幸福感受的提升,最终都需要依靠高质量的德育工作队伍来开展。学校德育要形成教书育人、管理育人、服务育人的全方位育人格局,在这个意义上,每个教职工都是教育者,但专职德育队伍负有重要作用。学校主动建构全员参与的德育工作机制与格局,让优质师资承载优质德育,让优质德育提升学生幸福。

1. 确立全员育德理念,提升教师的育德能力

培养德育骨干梯队,凝聚德育力量是学校的重要工作。班主任是德育先锋队,是班级管理的主力军,学校通过"走出去,请进来"的方式,定期组织青年骨干班主任参加市区培训,邀请市、区德育专家、区级优秀德育工作者对全校教师进行主题式培训和交流,提升教师育德能力。学校成立年级组长负责制,针对本年级学生特点设计开展德育活动,设置年段德育目标,全员参与,加强了每一位教师的育德意识,也提升了教师的育德能力。

2. 探索"班主任工作坊"研修,提升培训实效性

"班主任工作坊",两周召开一次,以学、研、用为一体,采用具有针对性、实用性和创新性的研训方式。培训内容采用自上而下与自下而上相结合,旨在解决班主任工作中的实际困惑。工作坊主持人依据学习内容由德育处、大队部、班主任轮流担任;研修形式多样,有专题研修、基本功展示、评优反馈。在专题研修中,引导班主任学习相关文章或者书籍,分享、提炼工作经验和亮点,引领班主任巧用智慧,用心教育。在基本功培训中,以"核心价值观"教育活动设计和班集体

特色创建论文作为内容,以赛促研,为班主任搭建一个交流、展示、成长的空间;在评优反馈中,激励班主任争做"特色班主任",向"优秀班主任"迈进。

案　例

为了自由呼吸的德育
——信息化背景下的德育创新

一、引入——认识这个时代

互联网时代已经到来了,我们用怎样的教育来培养适应明天的人?"信息化背景下的德育创新"这是一个面对当下,更是指向未来的命题。首先,我们要对这个时代有一个清醒的认识。

不出家门我们可以学习,可以购物,可以工作,可以和远隔万里的朋友视频对话。的确,网络给我们带来了生活的便捷和无限的可能。然而,信息时代也给这个世界带来了前所未有的冲击。很多时候,不再以谁为中心,没有谁拥有绝对话语权,人们可以相信,也可以不信,每个人都可以对外发表观点,发布新闻。不知不觉,我们进入了一种"后现代"状态。其主要特征是:去中心化,强调多元,崇尚差异,重视平等……"后现代"让主体消失,距离消失,否定等级,甚至真理也是相对的。人们认识到价值的相对性和多元性,人们开始在真实世界与虚拟世界中转换,在外部世界与内心世界中权衡。

在学校教育中,就教学而言,信息化技术的引入可以改变教与学的样态,可以促进学习。那么德育呢?面对海量的信息,面对多元的价值取向,学生,一个未来的公民,将如何学会接纳?如何做出判断与选择?如何保持人格的独立?如何认识自由?如何对自我有新的认识?

我们需要营造一个平等的、多样的、可以自由呼吸的生态校园,因此,我认为传统德育的转型呼唤生态德育。

二、观点——构建生态德育

"生态"一词源于生物学概念,即生物的生活状态,生态学的产生最早是从研究生物个体而开始的,强调生物之间,生物与环境之间环环相扣,平衡发展。它有三大特征即没有中心、相互平等、相互依存。正如自然界的"生态"所追求的物种多样性一样,多元世界需要多元文化,我们要把学校做成一个公民社区,学生就是社区里的公民,每一个学生既有权利又有义务,在一个开放、平等、多样的环境中平衡发展,培养具有合作意识、理性精神、人格独立的未来公民。

三、对策——营造生态圈,办充满"幸福感"的学校

上外静安外国语小学的办学理念是六个字:看世界,做自己。学校教育,是培育人,发展人。学习,归根结底是引导学生认识客观世界,丰富内心世界,进而认识自己、定位自己,做更好的自己。办一所充满"幸福感"的学校是上外静小的办学追求。

1. 对"人"的基本认识

要实现我们的育人目标,就要先了解人。办一所充满"幸福感"的学校是上外静小的教育追求,以幸福作为办学的标尺,从本质上讲是聚焦人的发展。为了更好地理解"人",应该将人和别的什么进行一些区分。

2. 营造三个生态圈

上外静小提出办一所充满"幸福感"的生态的学校,这个生态的学校实际上是分三个层面的,即班级生态圈、校园生态圈、家校生态圈。

三个生态圈的共同特点是:各个不同、彼此依存、有节律、适度放养。

(1) 校园生态圈

不同的生态圈,对学校的发展和学生的成长都有着不同的意义。学生和我们一样,生活在一个纷繁复杂的社会里,每天要面对大量的信息和性格各异的人,选择能力和合作能力对未来的人才来讲就变得尤为重要。

在上外静小有几种券是很有教育意蕴的。在开学第一天,学校送给孩子的新学期礼物是五张奖券,即"真诚Sorry券、作业免做券、阳光下午茶券、社团体验券、借书免限券"。学校是允许孩子犯错的地方,这是上外静小的主张,因此,所有孩子可以用真诚Sorry券来抵消一次小错误。某天,英语老师在批改作业时发现一叠作业本中夹着一种奖券和一张小纸条,纸条上写着:"老师,昨天作业本忘带回家了,Sorry。"一次测验,老师指着字迹潦草的试卷对"淘气鬼"乐乐说:"你实在是要练练字了,哎,你前几天不是攒到了一张'Sorry券'吗?"乐乐忙说:"我练,我练!这张奖券我要留着,说不定以后派大用场呢!"是啊,对于淘气包来说,一张奖券应该是不够的,"吝啬"的背后是孩子的一种选择和"远见"。

信息时代,面对多元的价值取向,给予学生选择的机会,培养学生选择的能力是何等重要。人的一生有着太多的大大小小的选择。道德的高下,有时就是

看一个人对于两难问题的理性选择。满分的试卷老师批错了,说还是不说? 你该如何选择? 好友竞选,可他不是最优秀的,投他还是不投? 你该如何选择? 不小心撕坏了图书馆的书,没人知道,承认还是不承认? 你该如何选择? 一个孩子特别想吃肯德基汉堡,你可以直接拒绝他,你也可以对他说:如果咱们一个月忍着不吃,你可以得到最新款的轮滑鞋。于是孩子的脑细胞开始运动起来。当他决定放弃汉堡包的时候,他是愉悦的,因为这是他自己的决定。如果我们的教育总是能给出几个选项,引导孩子的小脑袋去判断,去权衡,去决定,那么,未来,当他面对纷繁的事物时能究其本质,悟出章法,在多元的价值取向中,认清优势文化,既不盲目跟风,又不全面排斥,从小经历选择,能为其理性精神的培养,道德素养的提升奠定良好的基础。

学校是孩子寻找伙伴的地方,这是上外静小的约定。每月最后一周,学校为获得"阳光下午茶券"的孩子提供两场下午茶。凭奖券预约,孩子就可以邀请一位伙伴分享他的努力。一个五年级的女生居然邀请了班里的小男生,原本她是想邀请闺蜜的,当她得知男孩丢失了奖券闷闷不乐时,临时改变了主意,于是当天这个男孩一脸阳光。一个女孩奖券藏了三个月就是舍不得用,原来她想等到生日的那一天邀请妈妈,当天这位幸福的妈妈带了她的烘焙手艺给所有的孩子分享。

伙伴意识的形成,合作能力的培养是需要给予孩子经历的。六一儿童节是上外静小的伙伴节。每个孩子事先写一封贺卡,亲手制作一份节日礼物。缤纷的贺卡放在一个大大的礼盒里,六一节那天一清早,孩子从校门口的礼盒中抽取一张卡片,卡片的主人就是其今天的神秘伙伴,于是手中的贺卡就成了两个孩子的见面暗号。大家一定要在校园里找到彼此,然后相互认识,自我介绍,交换礼物,携手游园,商量一个约定。伙伴节里,孩子们以书会友,以棋会友,呼啦圈盟友,直排轮小队……孩子们可以发起活动,自由结社,和志同道合的伙伴玩在一起。

西方有一个关于"儿童合作能力"的观察实验,创设的情境是几个孩子正在玩,你有办法加入他们,一起玩吗? 观察的结果是儿童分三类。一类:主动型。先在一旁观察,然后主动攀谈,说说自己的新玩法,很自然地加入了。第二类:胆怯型。始终默默地看着,没有勇气加入。第三类:干扰型。不打招呼,直接介入,不让我玩,你们也别想玩,甚至有破坏性行为。第一类孩子属于群体中最受欢迎的,具有领导力。第二、第三类儿童是需要教会他们如何与人协商的。让他们知道一般情况下,协商步骤有哪些? 网络时代,人们的距离是近了还是远了? 在一个崇尚平等,彼此依存的世界里,一个人的协商能力和合作能力决定了他的眼界和空间。

在前不久的美洲节上,五年级的哥哥姐姐带着一年级弟弟妹妹,玩遍各个场馆,他们用自己平日里积攒下来的"小脚丫币"给弟弟妹妹买跳蚤市场里的手工艺品、冰激凌。一位负责美洲工艺品摊位的志愿者爸爸发现了一个小女生,她特别喜欢带羽毛的风铃,在摊位前转了半天,依依不舍地走了,显然她是没有"小脚丫币"了。上午的活动快结束时,她又来了,摆弄着风铃,眼里满是喜爱之情。让人好不忍心。志愿者爸爸摘下风铃送给了她,孩子的欣喜不言而喻。下午,小女孩又来了,从口袋里摸出两块巧克力,这是孩子在活动中获得的奖品,她是来感谢这个爸爸的。志愿者爸爸把这个故事发在了朋友圈里,说"这样的学校是个多么美好的地方,我的心都快化了"。

这个时候,学校就是一个生态圈,如同一个公民社区,每个人都有自己擅长的领域,人人不同但又彼此欣赏,彼此需要,相互依存,在平等、自由的空间里快乐学习交往。

(2) 班级生态圈

社团体验券、作业免做券、借书免限券……如何获得这些奖券? 规则是由班主任、孩子们和家委会商定的班级公约。制定班级公约就是在创设一个生态的班级。例如,针对"不冷静现象",班级规定:你在发脾气之前,先完成卡片涂色,即选择最能代表你此刻心情的彩色笔到讲台里抽取一张"心情卡片",完成了涂色任务,老师可以无条件地为你解决问题。当一个火冒三丈的孩子涂完一张卡片之后,气也消了一大半了。班级公约,让集体有规则有公约,让每个人有权利也有义务。每个人必须知道自己的长处和短处,都可以在与他人的合作中扬长避短。班级的生态圈不再是"听我说",而是"每个人的声音都很重要"。

(3) 家校生态圈

家校生态圈的建立首先基于对学生家庭的了解。我们曾做过一份调查。其中家长学历方面,本科及以上学历90%,其中硕士、博士学位占18%,有海外学习、工作经历的家长占36%。也就是说,随着城市国际化发展战略的推进,高端人才不断引进,社会对教育品质的需求越来越高,于是,一个现实的问题摆在面

1

2

3

1. 欣赏（2017年摄）
2. 同道（2017年摄）
3. 纳新（2019年摄）

问道至『师』

问道『王师』

1. 倾听（2018年摄）

2. 相约（2019年摄）

3. 共议（2019年摄）

家校连『线』

```
┌───┐
│ 1 │
└───┘
  ┌───┐
  │ 2 │
  └───┘
    ┌───┐
    │ 3 │
    └───┘
```

1. 比试（2021年摄）
2. 协力（2018年摄）
3. 公益（2018年摄）

家校连『线』

前,学校如何保持教育的专业权威?学校的育人目标与家庭的育儿目标如何和谐统一?

我们认为,营造家校的生态圈,学校首先要有气度"与家长共同分享办学的过程和成果"。开学第一周,召开校级家委会会议,商讨学期工作是惯例;家长会上,既有校长的专题发言,又有家委会项目组长的倡议是惯例;大型活动中,家长深度参与设计并与我们一同接待各方来宾是惯例,招生咨询会上,家委会设摊咨询服务是惯例;每当学校的特色项目频频获奖,家委会与我们筹办庆功会是惯例,连校刊中也有家委会的主题专栏,家长微课堂、家长志愿者……在上外静小,家长与学校有一种亲近度,双方如同跳探戈的舞伴那样默契。我们努力地寻求家长的育儿目标与学校的育人目标的交集点。两者的交集越大,德育目标越能落地生根。

二、在学习的变革中感知幸福

幸福是与知识、感知有关联的。学习是学生在学校之中的主要活动,学生学习过程中的体验与感受,直接决定了其学校生活的幸福程度,学生通过学习获得的知识和技能,也能够在很大程度上决定学生未来生活的幸福与否。从这个角度出发,要培养学生的幸福感,必须关注教与学理念和方式的变革,让学生在愉快、自主的学习中积累知识,提升能力,感知幸福。

早在 2 000 多年以前,伟大的教育家孔子在跟弟子讨论学习时就曾做出这样的论断,"知之者不如好之者,好之者不如乐之者"。由此可以看出,学生的学习有三种状态:明白知晓、心生爱好、乐此不疲。懂得学习的内容不及对学习产生兴趣,对学习产生兴趣不及以学习为快乐,"知之"只与内容相关,"好之"已有积极感受出现,而"乐之"则是表现为一种稳定的积极情感状态。教育的目的是促进学生全面和谐的发展,这不仅要求学生有良好的认知发展,同时也要求学生有积极情感的养成,成为一个全面发展的人[1],这就要求学校的课程和教学改革,要主动对接学生成长需要,通过丰富的形式,合理的组织,有序的实施,让学生在学习的变革中培养积极情感,感知人生幸福。

---

[1] 胡庆芳.聚焦学生学习情感的师能提升行动[J].基础教育课程,2019(2).

（一）开展"学习设计"的研究，提升课程有效性

学习设计自 2000 年以后受到越来越多的关注。学习设计是从学生多样化学习需求、认知能力和经验世界出发，设计学习任务框架，并以最合理优化的方式进行组织和呈现，使学生获得更好的学习体验和学习效果。学习设计强调学习任务与学习者的经验世界相联结，注重发挥学习者的主体性并增加其归属感，将有效的学习建立在学习者知识、经验、兴趣、动机与信念之上，且在学习中实现知识迁移。"学习设计"是一种复杂的整合过程，包括计划、设计、教学和学习活动实施等阶段，既表示学习活动的创造性设计过程，也表示这一过程的结果[①]。当前，越来越多的教育研究者和实践者意识到学习设计的原理和方法极大影响着教育教学效果，对于学生成长和教师发展也同样具有积极的现实价值。对于学生们来说，高品质学习设计意味着学习方式的优化、更多的学习机会、更丰富生动的学习体验、更确切的学习成果，以及持续学习的可能性。对于教师来说高品质的学习设计既是自我的挑战，也是专业发展的有效路径[②]。

正是基于对学习设计重要性和多维价值的认可，学校在愉快教育研究所"班级授课制条件下，基于精准学情分析的支架式教学实践研究"总课题的引领下，主要围绕"精准性分析、针对性设计"，追求适合每一个学生发展的学习设计。确立学年教研主题。第一年："单元作业的设计"；第二年："单元知识点的梳理"；第三年："单元支架的搭建"。三年来，我们依托校本研修，组织全校教师开展全员性主题研修、学科组的专题讨论、骨干引领示范等，并结合年度各学科单元设计比赛开展实践研究，立足实践体验，反思总结已有的成果经验。通过"学习设计"的一系列主题研修，形成学科特色——数学学科：明确课程目标，学习用思维导图梳理单元知识；语文学科：基于课程标准，细化年段目标，形成写作训练序列；英语学科：搭建"小脚丫"英语拓展平台，建构主题单元模块。

（二）以减负增效为导向，加强教学质量管理

首先，突出教学常规管理，坚决做到五个"规定动作"：每学期全覆盖校内减负

① Dobozy E., Cameron L. Special Issue on Learning Design Research: Mapping the Terrain[J]. Australasian Journal of Educational Technology, 2018(4).
② 陈静静.指向深度学习的高品质学习设计[J].教育发展研究, 2020(4).

调研,将"落实减负"作为教师绩效考核的内容之一;建立班级微信群,教师公示当天作业,家校互通学情,行政分年级、分班入群指导;布置作业时,以中等生为标准,预估作业时间;定期了解记录孩子睡眠时间;对晚托班学生作业每天抽样记录。

其次,加强"校本调研",创建"绿色作业"。每学期开展"绿色学业指标"校本调查,做到覆盖全年段、各学科;调研根据年段和学科的特征有不同的重点和主题,由整体广泛的层面调研向深度集中的纵深调研发展,从而更精准地掌握学业情况,并及时、有针对性地促进学业整体发展。根据"校本调研"的数据分析,有针对性地改进作业设计,形成创建绿色作业"五减五增"行动指南——减一点单项机械的"短"作业,增一点指向综合运用、拓展实践的"长"作业;减一点或重复或零散的单课时作业,增一点指向整体设计,帮助学生进行学科知识建构的单元作业;减一点整齐划一的全班作业,增一点可选择有针对的个性作业;减一点答案单一的被动作业,增一点激发学习内因、发挥学生主体作用的创意作业;减一点一对一的静默压抑的作业订正,增一点多对多的作业交流互动、展示。

再次,加强教学流程管理,提高新授教学的有效性。以备课组、教研组为阵地,开展单元设计为理念的教学实践研究,关注学情的动态变化,提升"学情分析精准度"并进行基于精准学情分析的单元支架式教学实践,推出一系列单元设计的组课、群课,边学习边实践边反思。近年来,我们先后组织了单元备课的教学技能团队比武和单元整体设计的组课教学研修团队评比等活动。通过教学比武形式,以备课组为单位进行参赛,选取一个单元进行单元整体的分析,单元作业的设计,课堂教学的实践,实践后的反思。通过这样的研讨、实践、交流、探讨,磨炼了老师的教学能力,提升了团队的专业精神。

最后,深化以"课堂观察"为特色的课例研究,学校课例研究中运用的"课堂观察"经历了从一对一观察到有观察指向、观察维度的系统观察量表的突破,具体以学生学习的态度兴趣、个性化方法路径、有差异的学习成效等细化原有观察维度,同时加强对教师教学语言、教学指令、评价反馈等及时性、精准性、实效性的观察和反馈。

(三) 推动"合作学习"的实践探索,促进学习方式的变革

合作学习的实践探索,我们经历了三个主要阶段:

学习阶段:2015年,通过专家报告、交流学习心得等培训活动了解并认同"合作学习"的理念;然后成立合作学习项目组,每两周一次由特聘专家用小组合作学习的方式授课,系统学习合作学习在课堂教学中的应用策略与具体操作方法;再由项目组老师在各教研组中辐射。

课堂实践阶段:2016 年,"骨干先行""实验班试点",每学期推出"合作学习"的研究课,进行跨学科的联合教研。

学科主题研修阶段:2017 年,制订"合作学习"的系列研究主题,开展基于课堂教学的专题研修活动。每月针对学习"合作学习"的"一招",推出一课,代表教研组向全校交流汇报,开展专题研讨:"发言卡的妙用""在内外圈交流中孕育认知冲突点"……我们始终坚持以自己的实践让先进理念真正落地于课堂,在课堂中促进教师理念行为的变革与突破,让课堂一点点转变为学生的学堂。

2017 年 11 月,方云龙老师参加了全国首届合作学习研讨英语教学展示,"发言卡"的妙用获得了同行的一致认可和好评。2018 年,上海市首批赴英国交流的数学老师严琴老师在全国合作学习研讨数学教学展示中,以"游戏策略法"执教一年级《幻方》一课,自主的学习、高效的课堂给与会专家、同行留下了深刻的印象。研究合作学习至今,我们看到了课堂的变化,在课堂中,学习更自主,学生会合作,教师善导学,会点拨。

(四)探索校本化的教学评价模式

教学评价标准是对教学质量、教学工作的具体规定,是对教学,特别是课堂教学进行准确、全面、有效评价的基础,亦是衡量教师教学工作水平的重要尺度。构建科学的课堂教学评价标准,是正确进行教学评价的基础与前提,对深入推进教学变革具有重要意义。新中国成立 70 年来,我国课堂教学评价标准的发展大体经历了"知识主导""思想主导""能力主导"和"素养主导"四个阶段。在这个发展过程中,评价理念不断趋向育人本质,评价内容日益全面细化,评价形式逐渐灵活有效。对于学校而言,要立足新时代教育评价的基本理念,建构以个性化的评价理念为指导,以专业化的体系为保障,以开放性的形式来落地的校本化的学校教学评价模式[①],为教学质量的改进和人才培养品质的提升奠定基础。

1. 基于课程标准,实施"零起点"的教学与评价

依据《2014 年静安区教育局行政工作要点》中关于推进义务教育小学阶段

---

① 罗祖兵,郭超华.新中国成立 70 年课堂教学评价标准的回顾与展望[J].中国教育学刊,2020(1).

开展"基于课程标准的教学与评价"实施意见,学校制定了《上外静小基于课程标准的教学与评价的校本实施方案》,于 2014 学年第一学期起全面实施十个"一"的具体举措,如:召开一年级新生家长会,做"一"次具有静小特色的专题宣传及一年级新生的入学指导;设计"一"套"快乐学,开心玩"个性化暑期学习活动指导手册,帮助一年级新生在假期做好入学准备;设计"一"份学习准备期项目方案,体现学习内容的丰富性,学习方式的多样性,学习活动的趣味性。

2. 基于互联网移动平台,实施多元的表现性学习评价的研究

根据上海市教委关于评价改革的有关精神,学校开展"基于互联网移动平台,实施趣味多元的表现性学习评价的项目研究"。我们先寻求第三方网络公司的技术支持,搭建一个家校互动的操作平台。"老师每天在手机或平板电脑上轻轻一点,家长手机端就收到了孩子学习表现的及时评价反馈。"两年多来,项目在教学关系、家校联系等多方面发挥了积极的作用与影响。

其一,注重学习过程的全面评价,建构课堂表现性评价指标体系,落实育人目标,聚焦学科能力,设置"学习准备、合作倾听、自主探究、学习成效"四个板块,包含了行为、认知与情感态度三个维度。每个维度有具体的观察点和评价指标,力求做到"科学、合理、全面、积极"地评价学生。其二,提升学生的学习态度、习惯与品质。每个学生每天每门学科都有评价数据生成,历时性的课堂表现清晰地呈现出学生的不同维度的学习优势与弱势,形成一人一表,呈现一个学生在一段时间内的变化,并自动生成个性化的评语,有利于教师与家长进行个别化的指导。其三,促进学科建设,深化教学研究。学校组织一二年级语数外教研组进行学科指标的专题研讨,通过不断修改与完善,突出学科素养并细化单元目标,从而形成校本各学科的评价指标体系。其四,促进教师理念更新、行为转变。项目为教师提供便捷高效的评价工具,生成教学大数据,促进教师对自己的教学进行及时、全面、准确的反思,在教研组内研讨并根据数据分析及时改进调整教学行为。其五,指导家庭教育,促进家校合作。项目有效地引导家长全面关注孩子的表现,营造了一个更客观、更温暖的家校合作生态圈。项目设计了家长无记名点赞的活动,共计收到家长点赞率达 95% 以上。项目形成每天一评,每周全覆盖,每月一例会,每学期一总结的良性运作的机制,逐步明确了评价指标的科学化发展方向,沉淀了教学大数据,实现了课堂评价的信息化与人性化,以及课堂评价理念与工具的双重创新。学习评价正在越来越个性化,高效率,越来越有幸福感。

3.分学科开展多元的学习评价

语数外学科从学科特点出发,开展针对学习态度、学习过程、学习成效、学习潜力等多元化的学习评价。

语文学科:学业质量采用分项测试的形式,并颁发一系列富有学科特色的证书。比如:二年级学生经过拼音测试,评选出班中拼读正确标准,速度快的学生作为小考官,获得"拼音小考官证",检测一年级弟弟妹妹的拼读情况。这对二年级学生来说是一种荣誉,也是一种鞭策,对于一年级学生来说,小哥哥小姐姐来做考官,他们更亲切,更容易接纳。3—5年级开展现场作文比赛。各年段根据校本作文评价标准,由学生代表和老师共同参与评价,评选出优秀的作品入选优秀现场作文集,作者获得"小作家"证,向低年级弟弟妹妹演讲自己的作文。

数学学科:在"注重习惯、抓住知识、突出能力、加强平时"的前提下尝试根据纸笔测试结果用"等级＋表现＋诊断"的形式对学生的阶段学习进行评价。比如:三年级分项测试的内容为"列竖式计算"。试卷的评价由3个维度组成:1.正确率;2.速度;3.书写。(前两个维度指向学业成果,第三个维度指向学习习惯),从而评选出"竖式小达人"。

英语学科:针对不同的英语课程板块,采用多元的评价机制。

基础性课程板块,采用了分项评价、综合练习、全外教口测、自主学习平台实践等多元方式,关注学生学习习惯的培养,基础知识和能力的发展。

校本课程板块,采用了达人竞赛进行综合评价,如 Little Actor/Actress, Listening King/Queen, Reading Prince/Princess, Little Author, Super Singer 等。

小脚丫课程板块,以每年一度的"小脚丫走遍五大洲"英语节活动为载体,设计深入学习体验,鼓励个性发展,融评价于学习过程的活动。比如高峰论坛,游园探秘,主题"秀"等。

三、在全面的发展中感受幸福

幸福,是一种全面平衡的获得感。对于学生而言,人生的幸福在很大程度上蕴含在成长的幸福之中。一方面,人的生命成长具有多元性、整体性和全面性,要真正实现成长的幸福,必须实现人的全面发展;另一方面,要创造更加美好幸福的未来生活,必须从小学阶段就为全面发展和能力提升奠定基础。从这个分析出发,培养学生的幸福力,必须关注学生的全面发展,要通过"五育融合"的教育体系建构,促进学生全面发展,让学生在全面发展中真正感受幸福,真正提升幸福能力。

习近平总书记在全国教育大会上指出,要培养德智体美劳全面发展的社会主义建设者和接班人,首次对培养什么样的人提出了明确的要求。2019年7月8日,《中共中央国务院关于深化教育教学改革全面提高义务教育质量的意见》进一步要求,坚持德智体美劳五育并举,全面发展素质教育。从"五育不全"到"五育并举"再到"五育融合",就是回归教育最基本的初心上来,是大势所趋①。"五育融合"给新时代带来的是"教育新体系",它是一种"育人假设""育人实践""育人理念""育人思维"和"育人能力"的综合体②,既能够在理念上倡导人才培养的系统联动思维,也能够在实践中引导学校突破单一的"智育"局限,通过系统的课程、教学、活动设计,夯实学生全面发展的基础。

(一)积极推进体育品牌项目,促进学生健康体质和运动素养

1. 有效落实学生"校园阳光健身一小时",优化体育校本课程

夯实校内体育锻炼机制,确保学生每天锻炼一小时。学校根据场地、学生的实际情况,探索开展适合的体育活动,以晨锻、两操、一课为主要内容,形成有"时间保障、场地保障、人员保障"的校园阳光健身一小时整体设计。依据小学生年龄段的特点,充分发掘学生校内体育运动的空间和方式。我们利用早操时间(每周四、五)开展校园特色群体操,每套校园操是孩子们"活力充电"时间,近年来我们自编操有ABC操、礼仪操、童谣操、搏击操、绳操、球操等,校园群体操深受学生们的喜爱(参见表3-3)。

表3-3:上外静小各年级体育周课时及校本课程

课程类别		一年级	二年级	三年级	四年级	五年级
体育课		3	3	3	3	3
活动课	体育特色课程	形体 空手道	高尔夫 空手道	网球 攀岩	户外生存 游泳	城市定向 足球
	体锻课	1	1	1	1	1

① 宁本涛."五育融合"与中国基础教育生态重建[J].中国电化教育,2020(5).
② 李政涛,文娟."五育融合"与新时代"教育新体系"的构建[J].中国电化教育,2020(3).

2. 体教结合，拓展校外体育锻炼资源，创造更多体锻时空

针对场地狭小的客观困难，2014 年起，学校积极开发场馆资源，学校每周二下午安排两个年级学生去静安少体校专业场馆进行体育运动，在专业教练的指导下开展各项体育运动（篮球、排球、击剑），我们把外出体育运动列入课表，使优质课程得到了保障。

3. 举办校园特色体育活动，浓厚校园体育氛围

为了更好地营造校园体育活动氛围，近年来我们结合各种运动课程，举办了各项校园体育大联赛："谁羽争锋"校园羽毛球大联赛、"足上生辉"校园足球大联赛……在活动中，班班有口号，人人有绝招，在活动中还有特定的小记者、裁判员、拉拉队……人人参与其中。我们的校园杯赛在校内外形成一定的影响力，学校多次冠名主办静安区的小学专项比赛，即 2015 年静安区"上外静小杯"小学生城市定向邀请赛，2016 年静安区"上外静小杯"小学生足球邀请赛，2020 年静安区"上外静小杯"青少年网球比赛，2021 年静安区"上外静小杯"高尔夫比赛。

户外运动课是上外静小的网红课。学校地处市中心，生均操场活动面积仅1.4 平方米。方寸之间，学校动足脑筋，"开天辟墙"，打通运动馆二楼和三楼的隔层，利用这片空间设计出一堵高近 8 米的攀岩墙，依据难度不同，分设三个赛道。学校为一、二、三年级开设攀岩课，四、五年级开设户外生存课，学习打绳索、搭帐篷、制担架，学习户外急救、户外环保等系列内容，将体能锻炼、视野开拓、意志锤炼融入课中。2019 年学校被中国登山协会命名为"全国攀岩特色学校"。

上外静小的足球课程开设至今已经 4 年，持续稳步发展。2015 年在市教委、活力校园的引荐下，西班牙外籍教练进驻我校执教足球课程。2015 年度学校被评为全国足球校园特色校。授课的蔡燕红老师参与编写了全国教材《小学足球教材》（华东师范大学出版社），并拍摄了教材中"趣味运球"板块的示范课，用于教师培训。

（二）规范管理，做好卫生工作的监测，保障师生身心健康

建章立制，管理规范有成效。学校高度重视，根据市区卫生工作要求，建立完善如《学校卫生工作制度》《学校食堂卫生若干制度》《学校环境卫生制度》《教室卫生管理条例》《学校突发公共卫生事件应急预案》等各项管理制度。学校积极开展食品卫生安全管理、传染病防治等教育宣传，为学校创建上海市健康文明促进校奠定了基础。

加强监测，疾病防治工作有条不紊。学校定期进行学生健康检查，视力检查

等工作,及时掌握学生生长发育、营养状况、生活习惯、学习情况,进行纠正与指导。认真填写学生体质健康卡,预防接种卡和学生因病缺课记录,建立健全学生健康档案。做好学校卫生保健资料的统计工作,及时将学校各项卫生情况归档,建立健全学校卫生档案。

形成特色,提升心理健康教育品质。学校开发"情绪管理"课程,定期开展学生和教师心理知识讲座,普及心理健康科学常识,在"班主任工作坊"培训中纳入心理教育主题研讨,帮助教师掌握心理教育策略,提升教育品质。同时,通过开展丰富多彩的校园文化活动,为学生搭建表现才华的舞台,调节学生的身心,释放学生的潜能,在潜移默化中培养师生科学、文明、健康的生活态度和方式。

(三) 有机整合,扎实做好艺术教育工作,彰显学校艺术特色

1. 构建校本课程,拓宽音乐视野,促进基础课程的文化渗透

结合学校"看世界,做自己"的办学理念,拓宽学生音乐视野,着力实施国家课程的校本化。包括:结合一、二年级舞蹈律动教学的"中国民族舞文化",开展了与"少数民族手拉手"的系列活动,感悟原汁原味的民族舞律动的魅力;"芭蕾艺术鉴赏",以三、四年级欣赏外国歌剧舞剧为切入点,学习芭蕾基本舞步,感悟外国民族音乐的风情。"键盘器乐",在三、四、五年级全面落实键盘教学,以歌唱教学内容为载体,提高学生识谱能力、音准能力、个性化的音乐表现力。

2. 开发电子键盘器乐课程,养成个性化表达的能力

2013 年 10 月学校着力开发电子键盘器乐进课堂的特色课程,打造了一个拥有电子琴、电钢琴以及双排键电子琴的高端电子乐器教室。在小学中高年级基础课堂的器乐教学中,认知电子键盘的基本操作和演奏技能,体验电子键盘的丰富表现力。我们的努力获得了上海音协电子键盘专委会的重视与肯定,被授予"上海音协电子键盘专业委员会器乐课堂教育基地"。

3. 进一步完善"三团一队"的建设,让学生在团队学习中优化音乐个性化发展的需求

进一步完善和加强学校"三团一队"建设,满足学生多样化的学习需求,提供更专业的艺术指导。在"社团拓展课"中形成了三团一队的基础课程实践平台。在"特色提高班"与"学科主题活动"中提升了三团一队优化发展实践平台。让每个孩子在不同层面的音乐专项学习平台中,优化其各项音乐智能,培养具有个性

化音乐表现力的学生。

4. 联合外滩美术馆,提升学生美术审美能力

借助外滩美术馆的艺术审美专业优势,定期组织学生参观各类画展,以艺术工作坊的形式邀请美术馆的老师来学校开设专题讲座,开展丰富多样的美术创作活动。通过美术馆的学习经历,学会欣赏拓展艺术视野,提升鉴赏能力拓展艺术视野,提高美术表现力。

5. 开发小画家工作室,满足学生特色发展的需求

我们从各年级挑选有美术特长的学生成立小画家工作室。小画家工作室设有儿童画、艺术创作、油画三个班,由美术组的三位老师担任专职指导,每周活动一次,每次都有特定的主题。例如油画班有自画像、花卉;儿童画班有水粉画;创作班有各类主题,这些作品在校园内外定期展出,并推荐参加各级各类比赛,同时为工作室的小画家举办个人画展。

6. 建立作品档案袋,探索美术课堂的个性化评价

探索美术课堂的过程性评价,教研组在低中高年段设计了"我的作品档案袋""我的个人画册"和"我的作品"。通过档案袋、画册和作品集,记录学生的美术素养的积淀与发展。同时,组织学生通过互相欣赏品评各自作品集,促进学生之间的互动评价,有利于教师更全面更有针对性地评价学生美术学习的兴趣、习惯、过程以及成果,进一步探索小学美术"真实评价"的实践研究。

(四)开设科学特色课程,整合博物馆资源,提高学生科学素养

学校开设了"生活中的科学""船航模""小小园艺师"等科学社团,由自然老师带教,与学生共同研究感兴趣的科学议题,涵盖物理、化学、植物、动力学等内容,提高学生的科学素养;另外,学校联合社会资源,开设科学微课堂,开展的课程有 3D 打印、自动化控制技术、航空航天等内容,让学生接触到当今最前沿的科学技术,极大地开拓了学生的视野。

学校毗邻上海自然博物馆,拥有得天独厚的资源优势。2016 年学校与自然博物馆签订了《上海自然博物馆与上外静小合作共建协议》,共同探索开发相关课程,通过课堂学习、场馆参观、社会实践等形式,让学生在掌握信息收集、分析归纳、小组合作、实验探究的学习过程中提高科学素养。学校和博物馆合作策划,开展"科技冬令营""义务讲解员""小小科学研究员"等活动,从而让学生拥有全新的科学体验。

亮点：彰显幸福理念的成长历练

人的成长，往往由不同的故事串联，故事既是生命、生活丰富性的具体体现，也是生命成长的重要方式。故事不是事件，事件是有关客观事实的陈述，而故事总是包含着由事件所引发的一些内容。本雅明这样说道："一个故事或明或暗地蕴含了某些实用的东西，这实用有时是一个道德教训，另一情形则是实用性的咨询，再一种则是谚语或格言呈现[①]。"正是因为如此，故事能够通过一定的编码转换进入教育研究的视野（国际比较通行的编码转换方式为奥勒莱萨的五要素法和克莱丁宁及康纳利提出的三维空间法，参见表3-4，3-5），成为分析学校教育变革和师生生命成长的重要素材。

表3-4：组织故事元素成为问题解决的叙事结构[②]

背景	人物	活动	问题	解答
故事背景、环境、地点条件、时间、地点位置、年代和纪元	故事中描述的个体的原型、个性，他们的行为、风格和做事模式	贯穿在故事中的个体的动作，说明人物的思维或者行为	要回答的问题，或者要描述或解释的现象	对问题的回答，对引起人物发生变化的原因的解释

表3-5：三维空间的叙事结构[③]

相互作用		连续性			情境
个人	社会	过去	现在	将来	地点
注意内部的内在条件、感觉、期望、审美、反应、精神调整	注意外部的环境条件，其他人的打算、意图、设想和观点	看过去的、回忆的故事和早些时候的经验	看当前的故事和处置事件时的经验	看隐含的期望、可能的经验和情节线索	看处在自然情境或者在有个体打算、意图、不同观点情境之中的背景、时间、地点

① 汉娜·阿伦特.启迪：本雅明文选[M].北京：生活·读书·新知三联书店，2014：98.
② 艾尔·巴比.社会研究方法[M].北京：华夏出版社，2000：244.
③ 傅敏，田慧生.教育叙事研究：本质、特征与方法[J].教育研究，2008(5).

从上外静小的实际情况看,我们希望打造充满"幸福感"的学校,提升学生学校生活的幸福体验,但是这种存在于学生意识形态领域的主观感受如何检验和呈现确实是一个重要的问题。从叙事研究的经验启示出发,我们认为,学生幸福与否,可以通过现实的故事进行展示,故事之中学生的经历、体悟、认知等,构成了支撑学生幸福生活的多维元素。

一、"第三空间"的意义延伸

2021年3月12日,这是一个普通的日子,但对五(1)班殷海扬同学来说,却是一个惊喜的日子,心中埋着的一个心愿就要实现了。当他拿到《"第三空间"回信》,告之他"预约申请单"得到批准的那一刻,1月12日的申请即将变成现实时,兴奋的神情顿时写在他的脸上:幸福"纸"社开张啦。

"我们班上有很多同学爱好手工,我就喜欢折纸,所以我就来预约'第三空间'的'自由日',我希望一些爱好手工、折纸的同学和我一起,到'第三空间'跟我学折纸。"在学校《"第三空间"预约申请单》上,他在"我的理由"栏中写上了这些话。

学校东楼一楼"第三空间",殷海扬同学的申请实现成为"第一场"。当天中午12点刚过,殷海扬同学与其他有相同爱好的6位同伴,兴致勃勃地来到盼望已久的空间,"第三空间"项目工作组的淦娟老师,已为此准备了彩纸、剪刀等材料和工具。

殷海扬同学是折纸高手,经过他的手工制作,许多景象变成了纸样,独有韵味。其他伙伴在他的带教下,学得津津有味。不一会儿,不同作品从他们的手中叠出。一位女同学说:"折纸能做出许多形状,用'心灵手巧'形容正合适。"在临近结束时,大家还手拿自己的作品,来了一张合照,作为纪念。而殷海扬同学更是兴奋无比,"这时间过得真快呀,这空间属于我们。"

当天,"第三空间"第一场的情景在微信上传出,吸引了不少人的目光,当了一回网红。

"第三空间",是上外静小创新办学物理空间的独特创造,也是为学生成长创造"自由呼吸"空间的独辟新地。

如果说,居住地是"第一空间",工作地或学习地是"第二空间",那么"第三空间"就是除了居住和工作（学习）地点以外的非正式公共聚集场所。

说实在的，上外静小占地面积不大，学校办公场地也并不宽敞，但为什么要设一个"第三空间"呢？因为在学校看来，学校的物理空间总是有限的，但应当把这些空间通过一种思想的开放和引领，得到更合理的利用和更有意义的开拓。另外，学校的一切都是为了学生的健康和幸福成长，因此，校内开辟"第三空间"，既是物理空间的调整与组合，而且是学生为本的守护和落地，更是教育观念的更新与优化。

为此，学校在东楼一楼，将原有的一间教师办公室腾出来，专辟为"第三空间"，并进行了人性化的改造和装饰。朝南的位置阳光充足，室内整洁优雅，一张长桌可变换利用，一排沙发供切磋交流，走进这个房间，一种温馨迎面扑来。

自"第三空间"开设后，学校已有80多位学生提出了预约申请，成为学生心中愿望的"小确幸"。

"第三空间"，释放着不止于空间的耐人寻味的气息。

（一）位移：学校让出更大的成长空间

"第三空间"开设后，为什么会得到这么多学生的热烈响应，获得这么多的申请，这不是学生的只图新鲜，也不是撩起的一时兴致，而是有着客观的需求。我在与学生的大量、深入的接触中，发现学生在校内有着除了教室、图书馆、操场之外的另一种场所的需求。

"这个场所的功能，可以是学生用来发呆，可以是学生用来整理情绪，可以是学生用来发展兴趣爱好，可以是学生用来结识伙伴，可以是学生用来与老师或者家长的交流，而从现在的学校设置来看，很少有这样的场所。现在，下课后或午饭后，一些学生会选择在很干净的厕所内窃窃私语或高谈阔论。与其这样，还不如学校主动去满足学生的这方面需求。"

学校这种由空间的现状引出的开设"第三空间"的想法，还有另一层意思。"就是我们的教育基本上都是由上传下的，课程和活动的方式，大多也是由学校或老师主导的。但真正的教育，既在由上传下，也要由下传上，要通过学生的自我觉醒和主动学习来实现，因此'第三空间'实际上是在强化学校教育的基础上的再造，让出学生成长的空间，而且由他们自己做主。这样的让出其实更能激发学生的成长欲望，也更符合学校办一所充满'幸福感'的学校的初衷。"

(二)迸发：学生释放更大的成长能量

"第三空间"，以另一种方式激发了学生自我认识、自我进步、自我觉醒的内在热情，也以另一种可能释放了学生认知同伴、认知师长、认知社会的成长能量，将学生在校的有限成长通过新平台的建立和场所的自主得到富有弹性、富有高度和富有长度的延伸。

学校目前收到的 80 多位"预约申请"，展现的一个个愿望，其实是学生内在的渴望，反映了这个时期学生成长的走向和趋势。这样的"申请"过程，本身就是一种教育，学生要学会申请，学会表达，学会策划，学会组织，学会把握，等等。

而学校在"第三空间"的谋划时，就提出了"游戏日、惊喜日、家庭日、自由日、分享日"等内容，试图让学生可以得到多方面的满足，可自待、可独思、可分享、可学会在成人看来有些并不怎样的收获。

"弟弟每次都好奇我去了哪儿，虽然现在他已经上幼儿园了，但是他还是很好奇我的学校长得怎么样，他通过聊天的方式知道了我的班级在几楼。我希望能带他正式来看看我的学校。"这样的愿望非常个性化，但确是真实的存在。四(1)班庄瑷瑛同学的"第三空间"的"家庭日"作为"第二场""想带弟弟看看我的学校"也于 3 月 31 日如期进行了。"小庄同学真是一位好姐姐，在老师的协助下策划参观路线，准备弟弟最爱的毛绒玩具和果汁。姐姐处处呵护，弟弟笑了一路。班级同学还为弟弟和妈妈表演了节目呢。弟弟都'赖'着不肯回家了。"这是"现场描述"。一家人在校园度过的那一刻，也许烙在心里的不止是风景。

(三)思量：教师追求最大的成长效应

"第三空间"既是为学生成长而设的，也是为教师转变教育观念而立的。

"过去，我们往往是从学校教育的主导性考虑较多，但对学生的需求还未能了解很多，现在学生的申请，有的就是心声的吐露，从中有许多值得注重和寻味的地方"，一些老师在阅读之后得到了这些有价值的信息。

五(2)班一位姓杨的学生申请的"家庭日"，披露"最近在学习上压力较大，希望能有一个和家长吐露心声的地方"。她的心声其实就是呼唤教育的信息。

一些家长通过孩子申请获得了到校的机会，也就增加了家校交流的渠道。

"每一个方案，我们会安排一位老师协助策划引导服务，学校的每一项新政，要让每一位老师知晓、认同甚至参与。人人都是德育工作者。"

■ 观　点

好的教育让孩子神采飞扬

"第三空间",是我们对教育的本质特性深度理解后作出的空间安排,也是对学生的成长需求深切了解后作出的观念更新。

拓展学校办学的空间,拓宽学生成长的空间,从而形成更大的有"幸福感"空间,一直是我们的愿望和追求。空间的扩大,不仅是物理的概念,更是文化的意识、教育的主张。空间的扩张,其实是通过理念主导、条件创造、运作科学来实现的。

这样的空间,是一种好的教育。好的教育让孩子神采飞扬,这样的空间既有形更有神。

二、"课堂新家"的空间写真

3月,梅花盛开,朵朵绽放;3月,梨园梅园,皆为学园。上外静小一年一度的梅花节在静安雕塑公园开场,在梅花的簇拥中,全校师生及其家长尽览这大自然别具一格的风景,感受沐浴春光的如花心境。

每年一度的梅花节,在上外静小尝尽了自然的滋味,也糅入了文化的春色。在公园欣赏梅花的千姿百态,在校园展开文化的繁花似锦。

梅花节,在校内外举办,我们师生都把它做成"自然一课""文化一课",成为当季的"别样课堂"。梅花节期间的校园,好看又热闹,每天中午,学生睹物吟诵诗意盎然,抚琴弹拨悠扬婉转,国粹表演像模像样……瞧,一年级专场开演了,集体吟京韵诗句的场面,小孩不输成人,各班代表讲述京剧常识,如数家珍,还有一位小朋友翻起了"行头"演绎霸王别姬,那唱腔、那身段、那姿势,着实令人钦佩。

梅花节,让校园沉浸在美的海洋中,让文化荡漾在师生的心坎上:春光美美的,感受美、浸润美、表现美、创造美有了一块更宽的园地。

"校园确实小,但校园的确足够大",这是学校经过长期体验,到访的同仁通过一番观察和感受,得到的突出印象。

上外静小身处市中心钻石地带极具方位优势,但人均操场活动空间1.4平方米的狭小是不争的事实。面对有限的客观条件,学校如何做足现有空间,突破物理空间,敞开教育空间,一直是学校思考和探索的课题。

多年来,上外静小以学生健康幸福成长为"定位空间",开门办学,开放教育,开发资源,开拓思路,通过资源利用、空间位移、能量互换,从而形成了"小学校、大格局"的发展态势,一位姓李的家长深有感触地说:"上外静小真的很小,小到没有空旷的视觉体验。但是上外静小真的不小,它给了孩子们饱满而富足的少年时代生活,也给了我们家长一片明朗又靓丽的蓝天。"

上外静小在利用空间、释放空间、拓展空间上,实现了"华丽转身","课堂新家"处处有,校内外资源,通过教育人的胸怀和情怀的引发,产生了无所远近"皆来风景"的效应。

(一)走出去找空间

物理空间小,是因为你蹲在原地。为此,上外静小突破物理空间,打开校门,迈开双脚,就近入手,开发社会资源,与外部实现能量互换,从而实现增量变大,这是战略选择的第一步。

独具一格的校外"专属体育场"。每周二,学校会组织三个年级外出运动,去静安区少体校运动一个下午,学生们换上运动服,酣畅淋漓,排球、篮球、击剑等金牌教练的优势项目充分体验。这个下午令学生非常期待。"现在想来,三年前选择周二下午外出运动是明智的,如果有周一上学焦虑症,我们的孩子应该不会有;如果脑科学能证明周二下午的充分运动产生的多巴胺水平的上升所带来的愉快情绪在后半周的学习中有利于记忆、思维等智能水平的发挥,我们将更坚信这个决策丰厚的回报。"

浸润艺术、展现才艺的"专属艺术中心"——静安雕塑公园。学校和雕塑公园毗邻,每年3月,会在梅园举行"君子书画展",这是语文、美术学科联合设计的主题式课程学习,孩子们在春光里吟诗作画,在"梅花三弄"的古琴声中讲君子之道,展示才艺,挥毫泼墨,品茶日那天,每一个孩子分享一个茶包,原来各家都有一款心仪的茶,这是家的味道。每年6月,学校会在公园的星光亭举行"夏季草坪音乐会",每年有50多名学生在梦幻般的舞台上尽情挥洒演奏。学校借用公园的艺术中心举办为期一个月的"筑梦未来——青少年艺术展",把美术课搬到艺术中心,孩子们迷恋在艺术中心的氛围中,每一双小手都能创造奇迹,师生 800 多个纸塑作品组成了一个当代艺术作品群。每一个孩子都能在艺术展中找到自己的作品,在展出的 274 幅艺术作品中,有 40％的作品来自校外,学校还特邀沪上十多所国际学校的学生高端作品参展,让孩子们看到自己未来的可能性。

(二)连起来拓空间

资源的最大价值在于无障碍地合理运用。上外静小通过社会机构和属地化及集团办学的便利条件,将办学的空间放大。

馆校合作。学校与邻近的上海自然博物馆签订馆校协议,学生定期参加博物馆主题探索课程。依托馆校合作,设计自然博物馆课程,结合教材内容与博物馆现有资源,制定相关主题的学习任务单,开展探究活动。依托"园艺种植""身边的科学""机器人"等科学社团,组织培养一批爱好自然、崇尚科学,并具有一定创新实践能力的"科技小达人"。

请来导师。组建学生科学巡讲团,邀请导师来校进行科技专题讲座,开展校园科技活动,提升校园科学氛围。依托学校创新实验室,定期开展"科学沙龙"活动,拓宽科学视野。加强信息技术与学科的整合,在基于问题解决的任务型学习中提升媒体素养,组建"电脑小工程师"团队,积极组织学生参加各级各类信息、科技活动及比赛,培养学生的综合素养。

社区互动。学校与所属社区、街道良性互动,积极开发校外教育资源,在科技、文化、运动、艺术等方面拓展教育空间,开展校内外教育联动,形成"大教育"格局。

集团优势。学校加强市区各级层面的开放交流,依托"上外"集团化办学、奉贤托管项目、全国合作学习联盟学校项目和民办特色学校项目等开展多层次、宽领域的教育交流与合作,注重品牌辐射,积极地吸纳与分享,不断提升学校教育的软实力、影响力和竞争力。

(三)建出来增空间

学校在做好校内空间的同时,积极想办法,通过各方支持,尽力增加教育的空间,使学生五育并举全面发展真正落地。

学校对"静安少年探索营"从手艺、体育、艺术等方面进行了改造和更新,从而将其变为一个趣味横生的地方。这里辟有三层。一层,木工车间;二层,艺术体操、攀岩;三层,英语绘本阅读、小剧场。每一个专用教室,有相应开发的艺术课程,使学校的每一个孩子每学期都有机会参与学习体验,孩子们在那幢楼里流连忘返,全心投入体验每一个课程学习带来的快乐。

■ 观 点

"小"变"大"皆由"心"

当校内的物理空间相对"恒定"时,能不能改变更多地取决于我们的眼界、思路和对策。

"小学校,大格局",正视现实,但不止步,视"小"为出发的基点,且就是"小"也要办成"大";心胸开阔,求大格局,即使身处小也要谋大局。

空间,是能转换的,会因为眼界开阔而拓宽,会因为思路开拓而延展,会因为对策开创而增量。

正因为教育无处不在,正因为资源无时不有,正因为事在无不可为,所以"小学校,大格局"其实是因"心"而运的。

三、"木工车间"的本义寻觅

学生毕业后,总会在心里留下几个难忘的场面,这些珍贵的记忆有时会睹物思情,触景生情。

2019届毕业生钱家铮作为五年级毕业生在校作过一次演讲,他一上台,就率真地说:"有些人可能会问:'为什么是你而不是我们中的任何一个呢?'这个嘛,我一开始也没想到,可Rachel老师就突然让我来做这件事,她认为我很有想法。居然没有让学霸上场,此时,我的心中一万只羊驼奔过,实在是受宠若惊!我冷静下来后答应了老师,然后我就出现在了这儿。"

五年了,他在学校中发生过许多有趣的事,在列举英语节后,他特别提到了这样一件事:"快乐的事也有许多,例如这回选修课中的木工坊,去年,我送了一双筷子给妈妈,这是我第一次送给妈妈我亲手做的,可以给她日常使用的物品,看着她惊喜的表情,我很开心,所以这回我也要学木工课。有些人会觉得:'为什么主修课中有木工,你选修课也要选木工课呢?'那是因为,这回我们会做一个校徽,可以留在这所学校,给我一个今后时常回来的理由,每次我回来时,我就会看到它,这多有成就感啊!"

一双在校制作的筷子,竟产生了这样的效应:作为礼物给妈妈,体现了一种孝心和关爱,而由此选择上木工课,准备做校徽,并留在母校,爱校情怀顿时溢满心胸,这"木工车间"真有"活"呀。

久违了,车间,现在取而代之的是"数控机房";不屑了,木工,现在取而代之的是"加工流水线"。

然而,在上外静小,居然有一个"借壳"在外的"木工车间",居然有一门"木工创意课",居然每一个学生可以做"木工"。木工,这个古老的匠艺在这里"复活";车间,这个最原始的制作场所在这里"厚待"。这个"木工车间",演绎了原点育人、基础育人、动手育人的万千气象。

走进位于北京西路 509 号的"静安少年探索营",三个楼层,建筑面积 1 000 平方米左右,是为静安区义务教育阶段的学生精心打造的跨学科实践活动基地。"探索营"旨在培养青少年核心素养,在空间设计、动手能力、体能运动、分阶阅读、戏剧表演等方面提供优质的课程内容及个性化的学习空间。在这里,着力开发木工制作、攀岩运动、英语分阶阅读三大支柱课程,而位于底楼的"木工车间",显得格外耀眼。不太大的车间,但设置得井井有条,长长的工作台,木质感特强,相关的机械设备几乎一应齐全,如车床、钻床、刨床等,还有高级的打磨机。"木工车间",成为学校特色育人的亮点,也是学生乐于精雕细刻的地方,有的学生甚至颇为期待地说:"最好明天就是'木工课'。"

"木工车间"的走红,是有缘由的。

（一）基础做起：木工车间的"设计"

学校将"静安少年探索营"的着力点放在木工,让小小年纪的小学生尝试木工的大人活,有着多方面的考量。

在"探索营"一层打造一间系统化、多功能的现代机械青少年木工教室,包括准备室、授课区、操作台、集尘间、作品展示区以及机械设备分类区域,就是提供真实的生产环境,提供切实的动手实践的环境。

这个"木工车间",也是学校的木工实训室,它是以易取得、易加工的木材为载体,以系统化工艺组合的木工机械设备和工具为平台,构建实验实训的真实化情境服务的设计、教学和研究的好去处。

木材是木工实训室的被加工载体,学生通过对木材的认识与改造实现木材由原材料到创意设计成品的转变,可亲身感受"物的转变"过程。学生是木工实训室实践行为的主体,通过经历对配置的木材加工的工艺流程装备,让学生完全参与其中,实现自我思考、自我设计、自我规划、自我制作、自我评价,培育学生跨学科的横贯能力。同时,通过主体行为的实践实训,让学生经历兴趣培养、坚毅力体会、成就感满足、自我学习和激励、关爱他人的过程,初步实现"人的转变"。

在我的教育理念中,我始终认为,别小看木工,这是制造业的始端,也是让学生去感知最基本的物体的切入口,他们可以形成概念,得到最基本的见识,这对他们的知识建构、能力建构极具开发价值。另外,木工富含中华优秀文化和工艺传统,鲁班精神、工匠精神的教育资源丰厚。

(二)工学交替:"木工车间"的"施工"

木工车间,是体验木工活的,但并不限于此。学校将木工置于课程的地位,称为"木工创意课"。实操课、文化课并驾齐驱,动手做与知识学的工学交替,让学生习得和学得双丰收。

课程以"作品"为"基材"切入,如一年级的"小椅子"、二年级的"笔筒"、三年级的"书签""筷子"、四年级的"小动物挂件"、五年级的"木工小锤子",同时,文化课"加料",有"认识木头""认识木工名人""木头的颜色与赏析""电动锯的各种形态"等,内容丰富。

这门课程内容,有着依据年段能力目标、工具安全等级、工艺流程等级体现阶梯渐进的设计特点。从"木材工具的认识与使用""创意设计与建模""加工制作与美化""木工文化与工艺欣赏"等方面,引导学生经历一个完整的探究学习过程,在观察、想象、设计、动手实践中培养跨学科综合素养及乐于劳作的工匠精神。不少学生还专门以木工体验为题,写下了读来妙趣横生的佳作。有位学生写道:"做木工,能锻炼我们耐心,让我们懂得什么是'精雕细刻'。"另一位学生还心生愿望:"木工坊的课让我们领略到更多知识,让我校的'小鲁班'可以放飞自我。我希望通过努力可以早日成为中级工,在学习中,我也要有'匠心',这样才能事半功倍。"

（三）跨界学习：木工车间的"广度"

做木工，悟思绪，长见识，迁移能力，这个"木工车间"迭出新意。

这个场面，一直印在木工课程老师的脑海里：记得有一节关于木头颜色的课，在课上，老师抛出了一个问题，为什么同一块木头会有不同的颜色呢？孩子们的回答五花八门，有的说是由于后天人工造成的，目的是为了好看；有的说是由于树内的水分多少产生的；还有的说是因为生长先后产生的……于是，老师带领孩子们在校园里找了一棵大树，近距离地观察了一番，孩子们通过观察、讨论，发现了每一根树枝的上下面颜色都有所不同，而树枝颜色偏浅的那一面是朝着太阳的，反之，背着太阳那一面的树枝颜色就偏深，所以同一块木料颜色也就不一样了。从那节课起，那棵大树就变成了校园里的网红树，经常会看到孩子们结伴去看一看、摸一摸，这个场景就成了校园里的一道亮丽的风景线。

而在《传统建筑结构——斗拱》一课中，执教的老师惊奇地发现：学生在了解中国传统建筑的演变过程中，从战国时期中山国出土的四龙四凤铜方案入手，了解唐代至元代时期建筑特点，再到明代至清代建筑——故宫优秀建筑群的欣赏，不仅学会了欣赏古建筑的美，而且还大大地激发了他们的爱国热情。在斗拱模型拆装实操课中，学生不仅进一步了解了斗拱的构造和作用，还加强了对斗拱在建筑中的演变过程的进一步认识，更激发了对我国传统建筑的探究欲望，也拓宽了学生的视野。

■ 观　点

在最基础的地方"打基础"

我们身处信息时代，学生接受知识和了解万千世界的方式不能不说达到了现代的程度。

然而，转过身来，我们的教育还得从最基本的做起。"木工车间"，可谓俗到底，下沉到一个可以用手工来创造气象的"基点"，而这个最基础的地方也许正是教育软着落的"核心地带"。概念是需要基础的，意识是需要映照的，所谓万丈高楼平地起，也是这个意思。学生自己去制作一件东西，当然比在黑板上做田，屏幕上钻孔，来得更有意思和实际价值。

"小木工"，其实还真有"大教育"的寻味。

第四章

教师唤醒——"幸福感"学校的持久力源

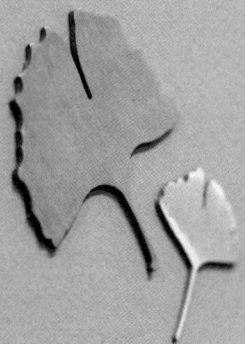

故事

上了12遍的语文课

在多年的校长生涯中,我始终觉得课堂是学校发展之本:学生要体验幸福,必须有优质的课堂教学作为支撑;教师要获得幸福,也必然离不开其教学能力为代表的专业素养的持续提升。正是因为如此,我经常会走进课堂,指导青年教师的课堂教学,也能够想尽办法为青年教师提供专业成长的平台。学校里有一位年轻的语文老师,对学科教学非常有情怀,也非常有潜力。我把他推荐到市里,帮他争取到了一个市级层面的公开展示课机会。这位老师非常认真,为了上好这节课,他在学校里4个平行班都上了一次,一次次改进还是觉得不满意。我主动帮他联系周边学校,让他走出校门到其他学校再去练习、尝试,就这样,这位老师上一次改一次,前前后后一共上了12遍,而且令我惊异的是,在这个过程中他总是充满干劲,没有一句怨言。最终这节在嘉定公开展示的教学活动大获成功,一百多名听课者无不拍手称赞,我坐在课堂里也由衷地微笑,并为他点赞。课后,这位老师专门又找到我,跟我说:"校长,看到你的微笑,我就觉得这次肯定是成功的,谢谢你和我一起经历的备课的过程,我感到非常幸福。"

教师是教育的第一资源,是打造幸福教育体系,提升学生幸福感受的重要决定性因素。没有教师的高质量工作,就没有学校幸福教育的基石;没有幸福的教师,就没有幸福的学生。从这个角度出发,要建构学校幸福教育体系,提升学生幸福感,就没有理由不关注教师队伍建设问题,要通过教师专业自觉的唤醒和幸福体验的改观,着力打造高素质的、有幸福感的教师队伍,为学校办学定位和人才培养目标的实现奠定基础。

在中国共产党第十九次全国代表大会上,习近平同志宣布:"经过长期努力,中国特色社会主义进入了新时代,这是我国发展新的历史方位。"这是党中央对当前所处的历史方位做出的重大战略判断,这一判断对指导我国未来社会发展方略谋断、政策制定、制度安排等都具有极为重大的意义[①]。进入新时代的中国经济社会发展面临着很多新的问题,呈现出一些新的特征和要素,也必然会给教

---

① 张建云.新时代的内涵阐释[J].学术界,2018(9).

育事业的发展和教师队伍建设提出新的要求,学校之中打造高质量的教师队伍,必须把党和国家对教师队伍建设的最新精神融入其中,也必须着眼于学校实际情况进行精准的校本建构。对于上外静小而言,我们在教师队伍建设的过程中,不仅仅考虑教师专业素养的提升问题,还充分考虑教师在专业成长过程中的幸福与否问题,从认知、行动、保障等多个维度建构指向教师幸福发展的校本教师培养体系,为培养有幸福力的学生提供源源不断的人力资源保障。

第一节　从生命意蕴认知教师幸福

教育以人生价值的实现为旨归,教育的真义是使人幸福。这里的人生价值和人的幸福,不仅包括学生的,也包括教师的。教书育人是一个需要激情和爱的活动,是一个需要参与者全身心投入的活动,没有教师对教育发自内心的热爱,就不会有真正的教育;没有教师在教职中"自我实现"的成就感、满足感和幸福感,也不会有真正的教育[①]。正是因为如此,20世纪90年代开始,教师幸福感逐渐成为受关注的研究领域,但其发展一直很缓慢。直到2002年,随着OECD发布了报告《吸引,发展和留住高质量的教师》,各国政府开始出台一系列的措施来提高教师的幸福感,以留住高质量的教师[②]。与此同时,国际上针对教师幸福感的相关研究开始系统性出现,目前已经体现出数量持续增长、地区多元和对象全面等特征,已经从教育学概念界定阶段步入多学科概念界定阶段,并尝试借助心理学、积极组织行为学等多种学科理论,以及多种研究方法来解读教师幸福感的主题内容,包括影响因素、生成过程和提升路径等多方面,在这一过程中,如何通过有效的测评和干预提升教师幸福感始终是一个最为重要的研究领域。

国际上对于教师幸福感的测评,最具代表性的是OECD的PISA测评。OECD从个人幸福感、职业幸福感以及学生幸福感的相关研究出发,指出教师职业幸福感是一个复杂的、多维的概念,无法通过单一指标来测评,并将其定义为"教师对与其工作和职业相关的认知、主观、健康、社会等方面的反应",也即教师针对教育职业所产生的在认知、主观、健康和社会方面的主体生存状态,包括认知幸福感、主观幸福感、健康幸福感以及社会幸福感4个观测维度。

教师的认知幸福感:指教师在有效工作时所需要的一系列知识和技能,其核心要素侧重教师的认知能力,尤其是教师自我效能及专注工作所体现出来的能力水平。

教师的主观幸福感:指良好的心理状态,即人们对自己生活积极或者消极

① 曹俊君.论教师幸福的追寻[J].教师教育研究,2006(5).
② 裴淼,李肖燕.国外教师幸福感研究进展[J].教师教育研究,2015(5).

的情绪反应,主观幸福感包括 3 方面的要素:一是生活评估,用于反映个体对其生活或特定方面的反思性评估;二是情绪状态,用于反映个体的情绪状态或特定时间点的特殊感受;三是幸福实现,用于反映个体对于生活意义和目的的感知或良好的心理状态。

教师的健康幸福感:OECD 使用教师是否存在身心不适的情况来衡量教师身心健康状况的好坏程度,包括教师身心症状以及身心症状的发生频率两方面内容。

教师的社会幸福感:OECD 指出,教学不是一项独立的工作,而是整个教育体系乃至于整个社会系统的一部分。教师与他人接触的频率以及相互关系的质量对于教师职业幸福感有着积极或者消极的影响,OECD 将其分为四方面的内容:与同事的关系、与校长的关系、师生关系、信任感[①]。

近年来,在我国教师队伍建设的过程中,不论是政策层面的设计,还是教育研究的实践的关注,教师幸福问题都越来越成为一个显性问题。中共中央、国务院于 2018 年 2 月出台的《关于全面深化新时代教师队伍建设改革的意见》提出"到 2035 年,广大教师在岗位上有幸福感,事业上有成就感,社会上有荣誉感,教师成为让人羡慕的职业"这一愿景,充分显示出党和国家对教师幸福感的重视。在这样的整体背景下,国内围绕教师幸福感问题开展了大量的理论思辨和实证研究,提出了诸如"教师专业身份认同感、教育教学满意感、人际交往和谐感、职业情境舒适感"[②]四维度模型在内的教师幸福感测评体系。

不论是 PISA 的教师幸福感测评框架,还是国内关于教师幸福感的实证研究,都给予我们这样的启示,教师的幸福感是一个多种因素综合作用的整体,不能试图从哪一个单一的维度入手思考和设计幸福教师的成长体系,而要将教师的幸福与其整个生命成长相关联,从生命的意蕴关照教师幸福,让教师幸福提升生命的意蕴。

一、教师幸福的实践基础是生命本质的提升

教师发展只有在生命的本质上去谈才有价值。费尔巴哈认为:"幸福不是别

---

① 李刚,吕立杰.PISA2021 教师职业幸福感测评:框架与特点[J].中国考试,2020(11).
② 胡忠英.教师幸福感结构的实证研究[J].全球教育展望,2015(4).

的,只是某一生物的正常状态;在这种状态下,生物能够无阻碍地满足它本身所特别具有的,并关系到它本质和生存的特殊需要和追求。"①这种特殊的需要,即人的"生理"需求和感性需要,它是人得以幸福的物质基础。在此基础上,教师的健康是教师感到幸福的生命基础,关注教师的健康状况,就是关注教师的生命质量和幸福指数。一个疾病缠身的人,他不仅不会感到幸福,反而感到痛苦。"健康的体魄是自然赋予人类有可能幸福的起点。身体健康、精力充沛,不仅使人有可能更好地发挥其创造才能,亦有可能使人更好地感受生活、热爱生活,对生活充满更多的热情和爱"②。从这个角度出发,幸福,首先是源自生命性的、自然性的、生理性的,观察教师是否幸福也并非看他们创造了怎样的劳动价值,而是关注他们的生命状况和生存质量。

教育,首先体现的一定是对于生命的关照,生命存在本身就是幸福的基础,帮助教师提升生命的品质就是帮助教师获得幸福的起点。因此,在教师幸福的"生理"维度上,我们首先关注的一定是他们生理的健康和生存的质量,而非个性的发展与人格的塑造。没有健康,就不会有所谓的情感、信念,更不可能获得幸福。教师专业发展的前提是对教师生命的敬畏,这种对生命之尊重不仅适用于精神的生命,而且也适用于自然的生命。从生命本质的角度出发建构和追寻教师的幸福,从某种意义上说就是要以教师生命价值为导向,才能引导他们自我成长与自我完善,从而建立对于教育自身的观念与信仰③。

二、教师幸福的精神养分是生命品格的塑造

亚里士多德将人的幸福划分为三类:来自肉体的幸福、来自心灵的幸福和来自外面的幸福,这三种幸福预示着教师生命质量提升的三个阶段:自我体认、自我反思和自我塑造。一个有质量的生命绝不单单意味着生物学意义上的健康或不生病,更重要的是看其精神内在是否存有生命的活力与坚韧的品格。"衡量一个人生命质量的高低,可以有许多标准。在一切标准之中,始终不能忽视两个最重要的标准,一是看他有无健康的生命本能,二是看他有无崇高的精神追求。

① 费尔巴哈.费尔巴哈哲学著作选集[M].北京:商务印书馆,1964:152.
② 高兆明.幸福论[M].北京:中国青年出版社,2001:68.
③ 刘燕楠,李莉.教师幸福:当代教师发展的生命意蕴[J].教育研究与实验,2019(6).

没有健康的生命本能,萎靡不振,表明生命质量低下;没有崇高的精神追求,随波逐流,也表明生命质量低下[①]"。教师发展不仅需要有对生命的保护意识,更需要有坚定、完善的个性品格,经过这个复杂的成长过程,教师才能够具有理智与修养、心灵与智慧、气质与品格,从而体现教师幸福的深层次内涵。

从"有生命的人"到"有价值的人"是教师生命品质提升的重要标志,他们在不断的生命体验和精神塑造中,促使自身幸福成为可能。更进一步说,幸福在很大程度上取决于我们是什么,取决于我们的人格或我们的名誉。一个人只有获得了幸福的能力,才能够获取精神的养料,丰富生命的内涵,塑造生命的品格。

教育是以人为直接目的、试图去影响人或改变人的特殊职业。在此基础上,教师绝不能成为一个自我消耗的实体,而是要不断获得精神滋养,从而培养自我生长的生命意志与顽强不屈的生命能力。因为"外在的幸福远不如内心的福祉"。人生幸福最基本的要素——就整个人生来说——就在于人的构成、人的内在素质。这是由人的一切情感、欲望以及各种思想所引起的内心满足的直接源泉,而环境对人生的影响则是间接的。教师的知识是否丰富、情绪是否稳定、性格是否健全、意志是否坚韧构成教师幸福能力的综合品质。教师成长的标志就是对幸福的理解、感知和体验的能力,以此将眼前之不幸演化为可能的幸福。从这个角度讲,任何人在本质上都是关爱自己,愿意保存自己,并设法使自己的生存幸福的。换句话说,乐观的情绪更容易使教师接近幸福,而消极的情绪则更容易将其引向痛苦,一旦痛苦的心理承受能力越过情感的极限,就必然产生教师职业的精神倦怠。因为教师职业本身并不会使教师获得幸福,只有他们在职业生涯中感受到内在价值和尊严、自由意志和创造的时候,他们才会体验到关于职业的幸福。因此,当前教师教育的重要使命应该是对于他们精神生命多些关爱,健康心灵多些引导,职业角色多些尊重,教师才会真正对教育职业产生兴趣,对职业生涯充满憧憬,才会在他们的教育生命中让自身的智慧和德性充分发挥,从而将学生引向幸福之路。

生命的质量体现了人存在的现状,生命的品质则体现出人生存的能力。教师的自我塑造、自我成长和自由发展作为对生命品质的追求,揭示了教师职业特有的生命意义与存在价值。教师精神品质包含了思维与智力、情绪与情感、智慧

---

① 叔本华.得与失的智慧[M].武汉:长江文艺出版社,2001:2-3.

与创造,这些集中体现出一个有质量的教师生命。因此,教师教育改革的重点是对其幸福感、成就感以及自我反思、自我调适能力的培养,即对教师追求幸福能力的培养。教师教育要不断深入教师的心灵,不断激发教师的情感,不断完善教师的心理品格,帮助教师提升其职业生命力[①]。

三、教师幸福的达成载体是生命实践的笃行

教育是一项关注人生命活动的社会实践,是教师获得自我、自由与幸福的职业成长过程。当前,教师教育改革不断聚焦教师专业发展与成长的问题,而忽视了教师专业成长的前提——教师幸福。幸福是一种特殊的生命体验,"它不体现某种具体的价值,而是一种抽象的价值;它不体现某种单个的价值,而是所有价值的总和;它不是某种确定的价值,而是一种变动的价值;它并不为任何人完全拥有,但几乎所有人都承认它的存在并努力追求它。"这种价值就是幸福。幸福是人生的终极目的,也是教师专业成长的必要条件,当教师面对生存压力与健康状况的冲突、心理压力与职业道德的碰撞,教师职业生涯的规划就不能仅仅关注知识和技能,更重要的是帮助他们建立职业理想、信念与道德,提升他们生命实践的质量。幸福既是教师对"好的生活"的理想追求,也是建立"有意义的生活"的价值判断标准。在这个基础上,幸福并不意味着"好的生活",而意味着"越来越好的生活",或是"生活得更好";意味着"好的生活"要与"值得过的人生"紧密相连,这正是教师教育改革的实践目标和教师专业发展的理论前提。当下,促进教师幸福就是引导教师在"怎样生活得更好"的标准上实现"好的生活"的职业发展目标,通过不断的自我否定、自我超越和自我创造的价值实现,使教师幸福成为习惯[②]。对于教师而言,其最为重要的生命实践活动体现在育人过程之中。要通过合理的制度设计引导教师在立德树人的教育实践中体会幸福,达成幸福,让有幸福感的教师从事有幸福度的教育工作,实现教师肉体生命、精神生命和教育生命的和谐共鸣。

① 刘燕楠,李莉.教师幸福:当代教师发展的生命意蕴[J].教育研究与实验,2019(6).
② 刘燕楠,李莉.教师幸福:当代教师发展的生命意蕴[J].教育研究与实验,2019(6).

第二节　靠专业发展成就教师幸福

在教育实践领域,特别是学校的教师管理实践领域,讲到教师的职业幸福感这个问题,许多人都会认为是学校的管理制度与流程不合理,是工作的付出与所得不成正比,是工作环境不理想,如此等等,说的都是造成教师不幸福的外部因素。但是,我们却忽视了这样的一个问题:一个教师如果不从专业发展上注意提高自己,那么他的职业幸福感肯定会大打折扣。一个真正立志于教育事业的教师完全可以从他的专业发展上体验到巨大的幸福感,实现作为教书育人者的价值与追求。这不仅是教师自身发展的需求,而且也是学生快乐成长的保证,更是教育事业发展的需要。

著名教育家陶行知先生论说教师的学习和发展时说:"我们做教师的人,必须天天学习,天天进行再教育,才能有教学之乐而无教学之苦。"教师只有主动追求自身专业上的不断发展、教师的职业幸福感才能不断萌发和扩展[①]。

从上述分析出发可以认为,教师作为一个普通的群体,其幸福感受可以从多个维度进行思考,但是同时,教师作为一个专业群体,其幸福体验必然离不开专业维度的考量。这也就意味着,幸福的教师,必然应该是在专业发展的道路上孜孜以求不断进取的教师,这也同样意味着,学校要通过校本性的教师专业发展体系的建构,尽可能有效地促进教师专业发展,让教师从专业成长之中体会更多的幸福。

早在1966年,联合国教科文组织和国际劳工组织在《关于教师地位的建议》中提出"应把教育工作视为专门的职业,这种职业要求教师经过严格的、持续的学习,获得并保持专门的知识和特别的技术"。这充分表明,教师职业是一种以教书育人为职责的专业性职业。自此,教师的专业发展问题越来越成为各国、各级政府制定教育政策的重要出发点、着力点,成为教育研究的重要关注点。有研究者认为,尽管"教师专业发展"概念在全球范围内的提出还不到半个世纪,进入

---

① 颜运珍.教师幸福感从专业发展开始[J].中国教育学刊,2008(4).

我国的研究领域也不过是近一二十年的事情,但发展至今,教师专业发展的议题不仅在理论层面已成为显学,而且在实践层面也呈现出活跃多元的样态[①],各个层面促进教师专业发展的理论与实践探究层出不穷,这不仅为教师实现专业发展提供了相关的支撑,也为现实之中研究和解决教师专业发展的实践性问题以及建构教师幸福与教师专业发展实践之间的内在逻辑关系提供了借鉴和启示。

一、以师德的养成成就教师幸福

教师是一种社会存在,教师的幸福不是一种孤立的幸福,而是受到道德引领和约束的幸福。

马克思主义伦理学认为,道德的基本问题不仅是人对于个体幸福的终极追求,更是人对于集体幸福的永恒实现。个体追求集体幸福的观念,构成了社会伦理之于个体的道德权力意志。换言之,教师在追求自身幸福的过程中,假如仅是贪图身体的安逸和感官的享乐,而忽视了社会伦理对于自身道德的要求,他同样也是不能获得幸福的。随着社会的发展,人生产和生活的社会化程度越来越高,个体价值、幸福与理想的实现也就越来越依赖于社会的发展与人类共同体的进步。在此基础上,一个孤立的人是没有价值与幸福可言的,个体的人生价值与幸福只有符合共同社会的价值观才能够建立。因此,教师幸福需要社会伦理的规范,需要依托道德将人的自然生命赋之于职业信仰,才能真正将人的灵魂引向本质自由与幸福[②]。

"教师"是万千职业类别中的一个普通职业,但作为教师的人又通常被誉为"人类灵魂的工程师",在人类历史上没有一个职业能像教师这样备受人们的关注与期待,也没有一个职业有教师这样的特殊重要地位。实践证明:一个人的发展与成功、一个国家的发展与繁荣、一个民族的进步与振兴都直接地与教育和教师密切关联。毫不夸张地说,拥有"好老师"不仅是学生的幸运、学校的光荣,而且是国家和民族的希望。新时代民族振兴、国家繁荣、教育发展需要培养造就一支高素质专业化教师队伍,需要涌现一大批好老师。但是,千百年以来,人们

---

① 王晓莉.教师专业发展的内涵与历史发展[J].教育发展研究,2011(8).
② 刘燕楠、李莉.教师幸福:当代教师发展的生命意蕴[J].教育研究与实验,2019(6).

对于什么是"好老师"似乎一直没有形成共性的标准认识,有的研究认为好老师是善于发现学生并做到因材施教的老师;有的研究认为好老师要文明待人、平等对待学生、和蔼可亲、为人师表、举止得体、认真风趣等①,总之,不论是国际还是国内,好教师的标准都是不确定的,也往往只是关注到了教师职业的某些方面的特征与要求,没有形成对"好教师"标准的整体性认识。

着眼于新时代教育改革与发展需要,习近平总书记号召全国广大教师要做有理想信念、有道德情操、有扎实知识、有仁爱之心的好老师,为发展具有中国特色、世界水平的现代教育,培养社会主义事业建设者和接班人作出更大贡献。这实际上从职业信念、职业道德、职业素养、职业品行四个方面规定了新时代教师职业责任。这些对"好老师"的标准不仅是受教育者、全社会以及国家对教师职业的期待,更多地表现为教师职业应然的伦理要求,体现的是一个人选择教师职业的内在的责任伦理规定。

教师的职业特性决定了教师需要具备的道德素养和公众对其道德期待要高于其他众多职业。合格的老师首先应该是道德上的合格者,优秀的教师应该是道德的楷模。可以说,教师的职业道德水平决定着整个教育工作的价值方向。教师在道德生活中的任何瑕疵,都会对学生的道德成长产生错误的影响。一名教师要做"有道德情操"的好教师,就是要遵循教育者先受教育的逻辑,不仅要掌握非常专业的技能和知识,而且要具备极为高尚的道德情操。从这个角度出发,如果教师没有崇高的职业道德,就难以真正发挥在教书育人中的应有价值,难以适应新时代教育改革发展对教师的期待和要求,也就谈不上幸福的生活。

基于上述认识,在建设高素质教师队伍的过程中,上外静小始终把教师队伍的师德师风建设作为重中之重。学校坚持发扬"爱岗敬业、乐于奉献、教艺精湛"的教师典型,通过校园网络平台交流先进事例,大会表彰先进人物,形成良性的舆论导向。除了有"上外静小感动人物"和"智慧教师"的评选,每年教师节由全校学生推选十位"我心中的好教师"。年底举行一年一度的教师论坛,颁发"专业贡献奖"。

为拓宽教师的文化视野,丰富教师的艺术修养,每学年组织全校教师参加市区级共享平台上"师德与素养"团购课程的培训;党支部定期开展读书活动,通过

---

① 佚名.关于好教师的标准[J].教书育人,2006(6).

校园网络平台交流读书体会,工会开设"油画""捻纸""茶道""木艺"等艺术工作坊,丰富经历,提升修养,深得教工喜爱。

学校还通过微讲坛的形式,发挥教师之间在道德修养和综合素质养成中的互帮互助价值,《上帝的宠儿——莫扎特》《走近艺术大师》《走在去美术馆的路上》《压力管理微探》《人人都有好声音》《走进定向越野》等系列特长教师微讲坛,让教师深刻感受到了教育的魅力,感受到了道德的情怀。

二、以能力的提升成就教师幸福

教师专业能力直接影响教育教学实践效果,是教师专业水平的重要表现。当前,基于《教师专业标准》的教师教育改革在全国范围内如火如荼地展开,从单一化迈向多元化、从专业化迈向标准化迅速成为当代我国教师教育改革的主旋律,标志着我国教师教育体制机制探索正在步入深水区。在这次标准化教师教育改革中,我国明确提出了"师德为先""学生为本""能力为重"三大理念,"能力本位"的教师教育改革理念被作为主导改革理念确定下来,成为我国未来一段时期教师专业标准建设的主题[①],也为通过专业能力的提升成就教师幸福提供了实践中的操作指导。

教师的幸福感是一个复杂的系统,要在专业发展的实践中促进和提升这种幸福感,就要全面关照教师的专业能力体系。应该指出的是,现代教育事业的发展,赋予了教师专业发展全新的内涵,也对教师的能力标准体系提出了新的要求,教师的专业能力标准,越来越成为一个复杂的系统。国际培训、绩效、教学标准委员会(IBSTPI)基于大样本调查研究开发了国际上普遍认可的教师能力标准。在 IBSTPI 看来,能力标准可以界定为:一整套使个人可以按照专业标准的要求完成特定职业或工作职责的相关知识、技能和情感态度。在这个定义下,IBSTPI 根据对大量教师及教育利益相关者的调查研究,总结概括了涵盖 5 个维度、18 项能力和 98 条具体绩效指标的教师能力标准体系(参见表 4 - 1),这一标准体系为我们认知当下教育改革中的教师能力问题提供了支撑。

---

① 杨洁.能力本位:当代教师专业标准建设的基石[J].教育研究,2014(10): 79 - 85.

表 4－1：IBSTPI 教师能力标准概览

维度	能　力	具体绩效指标
专业基础	有效地交流沟通	1. 根据受众、情境及文化背景,采用合适的语言;2. 使用合适的语言及非语言符号;3. 寻求并吸收多样的观点;4. 根据不同的情境采取积极有效的倾听技巧;5. 运用适当的技术进行交流。
	更新和提高自己的专业知识与技能	1. 拓展有关学习原理和教学策略的知识;2. 不断更新技术知识和技能;3. 建立并保持专业联系;4. 参加专业发展活动;5. 建立个人工作文档备用。
	遵守道德规范和法律条文	1. 认识教学实践中潜在的道德和法律问题;2. 遵循组织和职业道德规范;3. 确保公平对待所有学习者;4. 尊重保密及匿名请示;5. 避免冲突;6. 尊重包括版权在内的知识产权。
	树立和维护职业声誉	1. 示范职业操守;2. 尊重他人的价值观和见解;3. 具备学科专业知识;4. 对变革和改进持开放态度;5. 将教学与组织背景及目标相联系。
计划与准备	设计教学方法和教学内容	1. 确定学习者、其他参与人员和教学环境的相关特征;2. 设计或修改教学活动以适应学习者、教学环境和呈现方式的需要;3. 明确目标、任务及次序;4. 选择合适的教学方法、策略和呈现技巧;5. 设计或个性课程内容、教师手册、评估工具和支持材料;6. 根据需要创建或修改基于技术的资源。
	教学准备	1. 对学习者的困难和问题进行预测并做好准备;2. 进行学习者分析;3. 确定关键知识点、相关实例、轶事及其他补充材料;4. 确认支持教学的后勤和物质保障;5. 确保所有学习者都能获取所需教学资源;6.确认设备、技术和工具准备就绪。
教学方法与策略	激发并维持学习者的学习动机和学习投入	1. 吸引并保持学习者的注意力;2. 保证学习目标清晰明确;3. 培养良好的学习态度;4. 建立提高学习动机的策略;5. 帮助学习者设定合理的期望值;6. 为学生提供参与学习并获得成功的机会。
	表现出有效的表达技巧	1. 根据学习情境采用合适的表达方式;2. 采用多种方式表述关键概念;3. 提供案例,阐明含义;4. 让学习者参与表达过程;5. 根据学习者需要采用合适的表达方式。
	表现出有效的促进教学技巧	1. 利用所有参与者的知识和经验;2. 为全体学习者指明努力方向;3. 使学习活动高度聚焦;4. 鼓励和支持合作;5. 引领学习活动及时终止;6. 监控、评估和适应动态变化的情境。
	表现出有效的提问技巧	1. 提出清晰和恰当的问题;2. 有效跟进学习者所提问题;3. 使用多样的问题类型和问题层次;4. 提出并重新引导到那些促进学习的问题;5. 以回答问题来连接学习活动。

（续表）

维度	能　力	具体绩效指标
	提供阐释和反馈	1. 为学习者提供机会请求阐释；2. 使用多样的阐释和反馈策略；3. 提供清晰、及时、中肯和具体的反馈信息；4. 提供和接受学生反馈时保证开放与公平；5. 帮助学习者提供和接受反馈。
	促进知识和技能的巩固	1. 将学习活动与已有知识联系起来；2. 鼓励学习者对概念和思想观点进行细化；3. 提供综合和整合新知识的机会；4. 提供实践新学技能的机会；5. 提供反思和回顾的机会。
	促进知识和技能的迁移	1. 提供与知识技能、运用环境相关的安全和活动；2. 示范知识和技能在真实情境中的运用；3. 提供在真实情境中的实践机会；4. 提供为未来的运用做出规划的机会；5. 和学习者一同探究可能促进或阻碍知识和技能迁移的情形；6. 提供自主学习的机会。
	使用媒体和技术来加强学习、改进绩效	1. 认识教学媒体和技术的潜能与局限；2. 运用媒体和技术开展最佳实践；3. 以多样的方式呈现内容；4. 为学习者使用媒体和技术做好准备；5. 发现并解决小的技术故障。
评估与评价	评估学习和绩效	1. 针对评估标准进行交流；2. 监测个人和小组绩效；3. 评估学习者的态度情感和反应；4. 评估学习结果；5. 提供自我评估的机会。
	评价教学效果	1. 评价教学材料；2. 评价教学方法和学习活动；3. 评价教学绩效；4. 评价教学环境和设备的影响；5. 记录与公布评价数据。
教学管理	管理促进学习与改进绩效环境	1. 预测并处理可能影响学习和绩效的情形；2. 确保学习者能够获得所需资源；3. 与学习者共同制定基本规章和学习期望；4. 在教学中运用时间管理原则；5. 采取合适的方式方法，及时阻止不良行为举止；6. 及时并公正地解决冲突和问题。
	适当地使用技术管理教学过程	1. 使用技术支持教学管理功能；2. 使用技术查找和共享信息；3. 使用技术存储和重复利用教学资源；4. 使用技术维护学习者个人信息的安全及隐私。

　　基于上述教师专业能力标准的复杂性，上外静小通过多种路径的设计和使用，着力打造促进教师能力提升的校本教师培训体系，让教师在不断的专业能力提升中夯实职业幸福的基础。

　　学校注重拓宽教师专业培训途径，优化教师的知识与技能。每位教师，自觉通过"学分银行"参加市级共享课程的培训，参加市区培训机构组织的"课程与教学改革理论"的通识培训；并继续参加区学科本体知识培训和"学科教学知识培训"，获得相应学分。学校鼓励和支持教师通过各种途径攻读研究生学历或学位,对完成高一级学历培训的教师,按局有关规定给予学费奖励。目前有多位教师经过在职学习获得硕士学位。

　　学校举办各项主题教研活动,丰富教师的实践与体验。每学年确定全校教学实践研修专题,申请校本研修项目,组织专家报告、主题交流、网络互动和专题讨论等,以科研课题的实践为途径,开展课堂实践与反思体验的研究。在提升教师课堂教学的有效性的同时,也提高了培训效率。学校的教研活动一般以学科为单位进行,要求做到有目标、有计划、有行动、有总结,提升教研活动的成效,把学科教研活动真正打造成为提升教师专业能力,特别是学科教学能力的最重要、最有效平台,以下几份教研活动小结就是最好的证明:

2019 学年第二学期语文教研组小结

　　2020 年伊始,一场突如其来的新冠肺炎,彻底打乱了我们的教育教学工作。面对疫情我们积极开展线上教学,召开线上教研会议,制定方法,拟定计划,每个备课组每周一到两次,甚至每天研讨问题,每一次的教研无一不是全体教研组成员集体的智慧。

一、线上教学工作总结

　　线上教学,居家办公,老师们需要兼顾工作和家庭,扮演着双重角色。一方面,要认真参加各级各类在线教学培训,如"如何使用直播平台开展在线教学"等,如何将信息技术与教学进行融合;另一方面,要和班级学生及家庭对学校"在线学习"的相关安排进行具体说明,实时沟通,以及每日各种数据的通知、统计、汇总、上传;再一方面,不少老师还需要照顾家人的生活和孩子的学习,老师们都进行了合理的安排,调整思维模式,快速处理好工作和生活的关系,转换好身份让生活和工作更加有序。

　　从接到通知要进行线上教学开始,组内的老师就以教研组、备课组为单位,天天在云端"见面",网络成了连结我们的纽带,在这个虚拟的空间里,我们及时沟通,对在线备课、听课记录、作业辅导、师生互动等进行研讨,大家群策群力,分工合作,资源共享,遇到问题共同探讨解决。

　　课前,备课组的老师们在一起充分备课,充分探讨,在预设进度的前提下,通过微信程序"每日交作业"提前一天发布针对性强、切入点小的预习要求,帮助学生明确学习任务。课中,指导学生做好听课笔记,有效提升听课质量。我们立足学生的年段特点,要求听课笔记个性化,多样化,每周都会在班级群中进行及时反馈,点评,尤其是对低年级来说,做听课笔记有一定难度,老师便为学生提供阅读笔记的范例,指导学生动手圈画,用阅读符号记录所学,不断提高听课效率。20分钟在线学习结束后,根据学校教学处《上外静小"在线学习"作业细则》,我们以"单元整体"为理念,以"天"为基本单位,导学先行,任务引领。每个备课组根据第二天的教学内容,开展研讨,提前一天布置贴合教学进度的作业内容,倡导"课上完,作业完",关注作业内容的丰富性、反馈形式的多样性、任务量的适切性。

每周,利用班级微信群我们会推送两个由任课老师亲自制作的教学视频。孩子们能够通过视频收到老师们亲切的问候,巩固好本周知识的重难点,获得作业情况的专题讲解和反馈,还能尝试一系列有趣的专题活动。如每周五推送的语文学习重点微视频包含单元目标、重点课文(段落)链接、小结与预告;每周二推送的作业反馈视频包括总体评价、难点讲解、练习夯实、互动展示等。每个视频都凝聚着老师们的专业智慧,孩子们可以选择在任何需要的时候进行反复观看,夯实学习效果。

起初,对于直播互动我们非常忐忑,虽然平时也接触一些信息技术的运用,但这次要独立面对各种挑战,确实难度很大。因此在第一次直播课前,我们许多老师在自己的组群里模拟演练,尽可能想到会发生的问题以及如何去解决。通过不断地尝试,老师们越来越驾轻就熟,和学生的互动也更流畅了。这次的空中课堂,我们也很有幸看到了许多名师的风采,老师们也像学生一样每节课提前认真学习,做好笔记,充分备课,每天备课到深夜,真是非常辛苦。每次上完直播课,我们都会各自说说上课的感受,查漏补缺。由于课堂时间有限,速度较快,老师们会利用直播课时间和在线反馈给学生答疑解惑。

关于作业,我们利用每周备课组活动时间,根据教学进度和重难点,统一作业内容和要求,进行每日作业布置,备课组统一。学生在家长协助下,在"每日交作业"中,提交相关作业的照片、视频或音频。教师每日在线批阅,利用留言功能对学生进行一对一针对性反馈。如低年级学生由于年龄小,不适合在线互动,为保证学习质量,老师们以备课组为单位,充分预设学情,结合教学进度统一布置口语或书面练习,进行课堂学习方法指导,并利用每周的备课组教研时间交流反馈班级情况,及时发现共性问题,调整指导方法,提高在线辅助教学的质量。

疫情期间学生心理浮动大,每位学生的学习效果也因人而异,我们严格控制线上学习作业量,对于学习有困难的学生,我们有针对性地进行在线辅导,力求掌握每位学生的实际学习情况,并与开学后的教学做好衔接,切实提高线上教学质量。老师们每天手机、电视、电脑轮番上阵,很伤眼睛,我们除了备课、上课,还要批改学生的作业,更是吃力,但老师们都很敬业,认真仔细地批改每一份作业,有的学生作业错误订正来来回回好几次,老师们不厌其烦地一次又一次地批改,直到通过为止,工作量非常大,真是不容易。

虽说疫情让我们彼此不能面对面地在一起学习,但师生们仍积极参加各项学科活动,而且收获颇多。黄攀攀老师代表语文组参加了"静安区在线教学案例"的征集活动;朱益赛老师在区一年级组的教研活动中分享了在线教学的案例;朱益赛、谷慧、朱丽君、叶斐老师参加了"静安区教师教学大赛"活动,并获得了佳绩,朱益赛获得一等奖,谷慧获得二等奖,朱丽君获得了三等奖。三月,三至五年级的学生积极参加"美好生活、劳动创造"征文比赛;5月,一到五年级423名学生参加了北京冬奥会吉祥物故事征集活动,其中104名学生推荐上交优秀作文。

二、线上教学和线下教学的融合计划

由于线上教学存在一定的弊端,学生的学习成果也参差不齐,每个备课组研讨后有针对性地制定复学后的教学调整优化教学进度和教学组织方式,促进线上线下教学有效衔接。

为了做好开学前的摸底工作,我们针对线上学生掌握的字词、背诵、朗读、默写等基础知识情况做到心中有数。复学后,我们没有急于新课的教授,采取串讲复习、集中补漏、个体辅导等形式,通过提问抽查的方式和帮助学生找出自己学习的薄弱或疏漏环节,找出学生线上学习中存在的共性问题、个性化问题,帮助他们提高。

这个特殊的学期里,不管是网络教研、在线指导,还是录制视频、网络直播,我们教研组的每一位老师在这次"停课不停学"的在线工作中付出了最大的努力,让此次疫情的损失减少到最小,平凡的岗位,我们从本职做起。

2019 学年度第二学期数学组工作小结

2020 年 2 月，虽然新学期开学日如约而至，但由于新冠疫情的肆虐，为了学生的健康安全，为了让学生能正常开展居家学习，我校数学教研组根据上级教育部门"停课不停学"的要求，围绕"空中课堂"的线上教学，积极开展教研。

像现在这样大规模的线上教学，别说学生，对我们大部分老师来说也是新鲜事物。一开始，我们也十分迷茫，因为不知道"空中课堂"中授课教师教学进度，又会怎么教，我们各班的任课教师又该如何配合好"空中课堂"的教学。于是，上外静小数学组成员们，通过微信视频会议研讨"空中课堂"教学方案，集思广益，博采众长。讨论后，我们制定了如下方案：我们可以根据教参及教学基本要求的进度，将下周空中课堂要学习的知识点浓缩在 5 分钟的视频中，提前预告给学生。但做了两次之后，我们发现问题：这 5 分钟的视频是否真的有效？是否会对下一周学生听空中课堂的课产生一些负面影响？带着这样的疑问和顾虑，我们尝试了两周。

一、线上教学工作

试行两周后，我们又根据学校的要求以及试行后的反馈，再次开展教研共同商讨更有利于学生发展的教学方法。经过研讨，反复学习、实践、梳理，并在进一步熟悉了"空中课堂"操作流程后，我们总结出工作路径及流程，为顺利推进线上教学打下坚实基础。主要体现在以下几方面：

第一方面：空中课堂前，进行一周知识点预告

为了有效提高"空中课堂"的实效性，我们数学老师会在每周日晚 7 点推送一周知识点预告的视频中，也就是预习指导中，回顾上周的知识，对下周的知识点进行提问等。这样提前在班级群中推送下周的导学任务，让学生做到目的明确、有的放矢。

第二方面：课后线上作业批改提前发布

在作业环节，教师每晚 7 点，提前发布后一天要完成的作业，让学生在规定时间完成后上传至小程序批改，并针对作业中出现的问题及时解答，每天对学生作业情况进行检查。确保各项教学工作有序开展，落地

见效。

第三方面：每周学习一小结

每周二晚7点，数学老师都会准时发布一周数学学习小结的视频至班级群内，主要包括了：总体情况、错题讲解、拓展内容以及学科活动。首先是根据班级情况，将本班学生一周的作业做一个总体的反馈；其次是错题讲解，针对班级同学的作业情况，选择错误率较高的题目逐一讲评，主要是讲思路、归纳方法；再次是拓展内容，就拿三年级来举例，在前几周学习了两位数乘两位、三位数的知识之后，我们就拓展了一些乘法的巧算，又如五年级在学习了方程之后，我们又拓展了一些盈亏问题、相遇问题等，学生们都表示相当感兴趣；最后是学科活动，我校根据学生年龄特点及所学知识特征，制定了不同的学科活动，例如三年级我们开展了视频"魔尺"教学，线上云PK活动，四年级开展了线上"炫动魔方"争霸赛等。

第四方面：线上爱心班辅导

由于疫情的缘故，我们采用了"空中课堂"线上上课的方式。环境的变换、学生的学习、教师的教育，一切都打破了原有的模式。课后，我们在与学生一对一视频的过程中发现，空中课堂的学习内容对于班级里的大部分小朋友都没什么困难，他们表示挺能适应这种上课模式的；可对于班级小部分孩子就出现了一些困难，也许是没有了监督，他们注意力会不集中也可能是缺失了真实课堂的师生互动环节，他们心中的疑问不能及时得到解答等。据此，我们根据班内几个孩子的实际学情，晚上一对一与他们视频答疑，帮他们一步步梳理知识脉络，强化要点，夯实基础；也在每周三晚上，组织班级的部分学生进行线上"爱心班"，查漏补缺，巩固所学，帮助他们解决学习中的困惑。通过这样的方式，学生与老师保持沟通交流，打破了时空的限制，增进了师生之间的友谊，最大限度降低疫情对学校教育教学和学生学习的影响。

二、复课后的教学工作

1. 抓住基础知识——稳

复学后，我们发现孩子们对于已经学习过的知识掌握的情况有较大的差距，所以我们把"复习"融入"新授"，在新授过程中设计练习对所学知识进行复习巩固，牢牢抓住基础，稳步前进。

2. 养成习惯态度——实

学习习惯的差异由于家庭的不同,造成了差异,复学后我们关注到这一点,老师们从打草稿的习惯抓起,尽量缩小学习的分化,使学困生能及时跟上"大部队",一对一个别辅导。

3. 体现重点难点——准

(1)规范课时教学安排及教学进度,各备课组根据前期梳理的问题,做好线上和线下衔接工作,重新制定教学进度表,做出结构化、合理化、个性化的思考,突出教材的重难点。

(2)重点把握教材的重难点,重新设计课堂补充小练习,既做好知识点的巩固,又让学生能体会教材中的重要知识内容。

(3)总结线上教学经验,延续有效方法,课前教师提前看课学习,为下节课的学习提供温馨小提示,让学生更好地进行动手操作和语言表达。

2020年是特殊的一年,也是充满挑战的一年,学生线上学习,教师线上备课,各自都有了不同的体验和提高,相信无论是线上学习,还是复课后的线下学习,我们都应该在努力中。

2019 学年第二学期英语组工作小结

今年,由于疫情我们经历了一个不一样的学期。2月,虽然未能如期开学,但我组围绕"空中课堂"的线上教学,积极开展教研确保学生正常的居家学习。5月18日起,学生分批返校后我组又基于学情帮助学生平稳过渡,在校内完成了本学期的学习内容。现就一学期工作作如下小结:

一、2月,全体组员学习解读《上外静小疫情防控期间在线教学工作方案》,做好线上学习准备。

每位教师明确每周教学任务,线上互动教学进度、内容、作业设计、课后反馈等工作,指导学生进行线上学习。定期通过视频电话与学生互动,了解学生学习动态与近况,给予帮助、督促与建议。保证学生居家学习的质量与效率。有效实现"停课不停教、不停学"。

二、以备课组为单位,统一"周"进度,梳理"周"重难点。

根据市教委统一播放的名师课堂教学资源,明确单元重难点。以备课组为单位,备课组长在语音、词汇、词法、句法等方面完成本年级每个单元的知识点梳理。要求基于课标,体现校本特色,内容具体,清晰,明确。完成后交教研组长把关。

三、设计"周"作业,及时批改与评价,把好线上学习质量关。

备课组以"周"为单位,以"单元整体"为理念,基于教学进度和重难点把握,进行"周"作业设计。作业内容备课组长统一,做到每个小班保持一致,统一时间。最后交教研组长确认后在年级中落实。

教师每晚 7 点,提前发布后一天要完成的作业,让学生在规定时间完成后上传至小程序批改,并针对作业中出现的问题及时解答,每天对学生作业情况进行检查批改与评价反馈。确保各项教学工作有序开展,落地见效。

四、梳理重难点,制作"周"视频,帮助学生复习巩固难点突破。

每位教师以班级为单位,每周制作两期 5 分钟左右的微视频。第一期:基于学生空中课堂学习的基础上,梳理本周学习重难点,帮助学生进一步理解所学内容,做到温故而知新。第二期:作业分析反馈。讲解作业,分析练习册中易错题。反馈视频交流中所了解的学生抄写、背诵、朗读作业完成情况。及时给予评价与指导。

另外,备课组长与外教合作完成每周 Sunday School 校本内容视频录播。每期 15—20 分钟的录播视频,上挂公共网络平台,每周日上午 9 点在微信家长群内推送。在疫情期间保证我校英语特色课程的有效落实。

五、线上爱心班辅导。

由于疫情的缘故,我们采用了"空中课堂"线上上课的方式。环境的变换、学生的学习、教师的教育,一切都打破了原有的模式。课后,我们在与学生一对一视频的过程中发现,空中课堂的学习内容对于小部分孩子的学习掌握出现了一些困难,也许是没有了监督,他们注意力会不集中也可能是缺失了真实课堂的师生互动环节,他们的问题不能得到有效及时地反馈与评价。因此 4 月,全校推出了每周一次的线上"爱心班"的举措。英语的时间为每周一晚 7:00—7:30,教师邀请并组织班级的部分学生在线上查漏补缺,巩固所学,帮助他们解决学习中的困惑。通过这样的方式,学生与老师保持沟通交流,打破了时空的限制,增进了师生之间的友谊。

六、复学后基于学情,平稳过渡,完成本学期学习任务。

5月18日四、五年级复学、6月2日一至三年级复学。针对学生居家在线学习情况,我组在学生学习成果与学习状态上分析学情,调整进度安排。定期开展教研活动,关注复学后学生学习动态,制定了平稳过渡,复习与新授兼顾的教学精神,完成了本学期最后阶段的教学工作。

2019 学年第二学期体育备课组工作小结

"教育是一种人力资源的准备,是一种人力资源的开发,教育工作者必须要有创新精神"。回顾这一学期的学校教育教学,体育组的老师们都没有停止过学习、探求、实践的脚步,以课堂教学改革为己任,在教学实践过程中认真反思,努力钻研,积极探索新形势下的教学思路。

一、开学第一课公微推送

2月底向全校学生推送了上外静小第一课"夺冠"公微;2020的春天虽有疫情肆虐,但我们更期待奥运花开。2020年还是我们的奥运年、体育年。这里只有赛场,这里都是英雄。国歌奏响,国旗升起,汗水流淌,激情挥洒。相信每一位同学心目中都有自己的奥运英雄,有自己喜欢的奥运项目,甚至自己想要尝试的运动。那就跟着我们的镜头去了解奥运、开启我们的宅家健康生活吧!我们从奥运知识我知道、合理膳食我知道、充足睡眠我保证等方面与学生做相关知识的宣传和告知,让学生宅家不闹心,相信凶猛的疫情也抵挡不住同学们对奥运的热情。五环的荣光,激励我们在夺冠的路上越练越强。我们必将在激情燃烧的圣火中涅槃腾飞。

二、有条不紊地开展各项在线教学活动

3月2日—5月29日全校师生都开展了居家"网课教与学"的工作与学习模式。

1. 开展"周"教研

以教研组为单位,组织教师做好每周一次的线研,认真完成了每一个单元教学的准备工作。深研教材,分析学情,抓实重难点,制定教学计划。在教研过程中,交流实际工作成果,反馈落实过程中遇到的困难,为线上辅导做好各项充分准备。

2. 制作"周"视频

每周以班级为单位,每位教师每周制作一期 5 分钟左右的微视频,作为名师课堂的延伸和补充,以互动交流,任务指导,作品反馈为主,也可落实校本化教学内容。教研组先后制作了身体基本姿态练习、广播操指导、趣味球类、趣味跑动、趣味支撑、趣味跳绳、趣味跳跃、武术基本功、拍毽子等。

教研组老师们居家教育教学情况

姓名	听课记录	居家体育运动小视频推送	电话约谈	备注
许雯	104 节	26 个	52 人	
蔡燕红	85 节	24 个	57 人	
姚凤梁	85 节	24 个	70 人	
徐雪莉	104 节	26 个	52 人	
张志勤	52 节	13 个	13 人	

3. 有条不紊地开展复工复学各项教学活动

5 月,随着上海市教委宣布 5 月 18 日为上海第二批学生返校复学日的那一天起,家长们长长地吁了口气、孩子们都高兴地蹦了起来。而我和我的团队成员们开始进入了焦虑与失眠的状态! 例如像"体育课还需要戴口罩吗?""体育课上孩子们的口罩如何处理更安全?""孩子们的运动器材如何发放、如何消毒?""每个班级一周五节体育与体锻课的场地如何安排?"真的,一下子成为了我们焦虑的"头等大事"。

在校领导的多次电话指挥、教研组团队成员们的多次网络视频会议成为了我们空中联系的纽带。5 月 18 日——开学,我们有办法了!

1) 整体规划,一人一包,在疫情防控中,让运动更加安全

A. 学校为四、五年级的学生每人配备了一个运动包,里面有短绳、毽子、毽板、小沙包等器材,保证学生能安全地开展运动。

B. 将原有 4 个班级在操场上共同上课,调整为同一课时内仅能 2 个班级上课。教导处老师多次与我们沟通排课问题,反复调整统筹安排,一切都是为了学生的运动空间、防疫空间得到有效的保障。

2) 组员合作,集思广益,让运动更加有趣

因为疫情的特殊性,在教学中我们不能开展团队类的运动及趣味等体育项目,在内容上只能以广播操、校园操、支撑、跳绳、跳跃、综合小素质等个人项目的练习为主。(但是,如何才能让孩子们真正地、高兴地动起来呢?我们又开始犯愁了)

在教研组多次网络视频会议中,我们的青年教师徐雪莉说道:"是否可以利用学校操场大屏投影器,将 keep 运动中的一些操类、核心力量的课程融入到我们的课堂,学生们听着动感的音乐节奏,带着乐学、愿学的兴趣因子进行简单易学又有效果的体能锻炼?"我们在引导孩子"动起来、有兴趣的同时"更关注每一个学生"个人的感受度,运动的体验"。

3)团队支持,形成合力,让运动更加欢乐

为了保障学生每天在校阳光体育锻炼一小时,每天上午的"水果时间"、中午的"午间活动",操场上都看到 2 个班的学生在班主任老师带领下到操场进行各种阳光体育活动,远远地都能听到或看到孩子们运动时那份快乐、那份欢笑。

所有的活动不是学校、教导处、几个老师的事情,而是上下同心团队伙伴和成员们的一起思考和实践!

5 月 18 日对我们四、五年级的老师们来说,曾经是一道坎,一道很难做的学校教学疫情防控题。但,我们已经开始做这道题了,而且做题的思路非常清晰并在往正确的方向前进! 6 月 2 日迎来第三批一到三年级的返校复学日。我们又迎来新的挑战和困难。我们将借鉴四、五年级的成功经验来进行复制。我想,这就是做老师的责任使命与职业快乐吧!

三、我们的思考与展望

在我们体育组内,共有 5 位教师。其中,蔡燕红老师是原上海远东女足的球员;姚凤梁老师是上海市定向协会的会员;去年刚大学毕业走进我们校园的徐雪莉老师是原少体校网球队员;我自己也是从上海市体操队退役后做的老师。也许我们这些曾经的运动员,与普通体育老师不同,更懂得体育运动的意义与价值!(那就是永远有着一颗阳光向上积极的心态)

其实,我们一直在思考一个问题。学校的体育课程、体育运动该如何去营造、去规划,并为孩子们的一生去奠基。也许,在外人看来,运动很苦、很累而且会浪费一点孩子们学习的时间。但,体育运动从广义上来讲,每个运动项目都隐含着兴趣化因子和德育的育人因子。

　　只要,我们每一位体育教师做有心人,在各类教材和项目中去科学合理地实施挖掘,结合课堂教学去多元化、立体化地实施,我想,新时代所需求的孩子们的特质是值得我们期待的。

　　新时代更需要我们体育老师能倾听孩子的心声,一专多能有一双会发现的眼睛和创新精神。

　　学校每年举行教师基本功比赛,聚焦核心问题,举行专题教研。近年来,学校先后举办了"35岁以上中青年教师教学比赛","35岁以下青年教师教学比赛",以"全员随堂赛课"机制,由此及彼,尝试着教研的变革。聘请各学科专家、导师进入参赛教师的日常课堂教学,开展课堂教学点评,帮助教师解决教学实践中的问题同时,推选出优秀的课堂,从而带动整个教研组的研修。2013学年以来,各个学科以《基于"单元设计"的支架式教学的实践研究》的研修为契机,在"减负增效"的倡导下,开展单元作业设计,提升了学业绿色指标。后续开展的"小组合作学习"培训,提升了课堂教学的有效性。

　　每学年的寒暑假举办"教师科研沙龙",组织教师交流课堂教学中的困惑,寻找自己教学突破的起点,以科学研究的方式,理论指导实践,实践反思理论,确立教师个人的研究主题或专题,成熟的申报科研课题。培训不仅帮助教师解决日常教学中的困惑,也提升了他们实践反思能力和理论指导实践的能力,真正促进了每一位教师的成长。

　　我们坚持开放办学。学校与上海自然博物馆、静安体育局、静安少儿图书馆、静安雕塑公园签订合作协议,形成"大教育"格局;依托全国"合作学习"首批联盟学校、上海市民办中小学首批艺术联盟学校,开展教师交流。学校坚持十年参与奉贤区薄弱学校委托管理项目,为奉贤平安小学、肇文学校、江山小学等一批薄弱学校的发展贡献力量。学校的教师公益团队坚持多年为云南、贵州、四川大凉山地区扶贫送教。学校还鼓励教师走出国门,参加海外教育培训。2015年我校数学骨干教师严琴成为首批赴英国交流的上海数学教师。

　　正是因为上述一系列的校本性设计和探索,学校建构起了较为完善的校本研修体系,不仅让教师队伍的专业化发展有了更多的保障,也逐渐形成了学校在区域内的教师校本研修知名度,学校经过系统总结和梳理,成功申报静安区"十三五"校本研修优秀学校。

三、以研究的情怀成就教师幸福

近年来,我国的各级各类教育都在经历一场包括目标、体制、机制、内容、方法等在内的,基于现实而指向未来的重大变革,在这个变革的过程中,教育工作者的专业素养问题受到越来越多的重视。学界普遍认为,当今时代的教育工作者要胜任教书育人工作的需要,要达成立德树人的教育根本任务,除了应该具备传统所界定的专业特性之外,还必须拥有一种"扩展的专业特性",即有能力通过较为系统的自我研究以及对他人相关经验的研究,通过实践对有关理论的检验和创生,实现专业上的自我发展。基于这样的认识,各级各类教育机构的教师参与教育科研活动日益成为他们的一项常规活动,"教师成为研究者"不仅已经成为一种业界的共识,也已经成为教师实现专业成长的有效方式。

著名教育家苏霍姆林斯基认为:"如果你想让教师的劳动能够给教师带来乐趣,使天天上课不至于变成一种单调乏味的义务,那你就应当引导每一位教师走上从事研究的这条幸福道路上来。"如今的教育改革与发展,已经要求我们教师不能只做"教书匠",而应该有更多理性思考,应该经常对自己的教育教学实践进行必要的反思和总结,努力实现成为优秀教师或专家型学者型教师的目标。这样,教师就有了成就感,也更强化了作为教师的职业信念,也就保持了职业激情。执著的教育信念,源源不断的教育激情能够促使教师把平凡升华为伟大,把清苦升华为愉悦。由此,从事教育科学研究,不仅应该是教师专业发展的内在要求,实际上也是构成教师职业幸福的重要元素。基于这样的认识,上外静小注重教师科研能力的提升,希望教师能够通过研究、思考跳出工作中的事务性局限,让教书育人的事业真正成为有思想、有味道、有创造的伟大事业。

学校注重开展形式多样的科研培训,提升教师教育科研能力。以学校龙头课题为引领,聆听专家报告、开展主题交流、讨论学科专题。近年来,先后围绕《基于"课例研究"的"个别化"课堂教学实践》《基于"单元设计"的支架式教学的实践研究》《"小组合作学习"策略的实践研究》《基于"等第制"评价的各学科课堂评价实践研究》开展专题研讨和科研培训。各教研组每学期组织教师基于研修专题和学科，撰写案例、完成"单元设计"等，促进教师教育实践研究能力的提升。

学校注重分享一线教师教育教学中的困惑和经验，组织课题立项人交流研究方案，汇报结题成果，加强科研基础培训和辅导。基于各学科教师教学中的疑难问题、热点问题，每学年的寒暑假举办"教师科研沙龙"，组织教师交流教学困惑，寻找学科突破点，确立教师个人的研究主题或专题，成熟的申报校级科研课题，筛选后推荐申报区级课题或区青年教师课题。

学校坚持教学改革，积极探索了"英语小班化教学实践""促进学生高阶思维的课堂问题设计"等前沿问题，重点研究学生评价这一难点问题。市级课题成果《基于互联网技术的小学生即时评价》一书于2021年3月出版。市级课题成果《"绿色指标"校本艺术素养评价体系构建及测评工具研制》作为上海市学业质量绿色指标评估项目的前沿研究成果在市级层面进行实践推广。在这些项目的实践研究中，涌现了一批科研骨干教师。

学校注重健全学校科研的管理制度，保障教师教育科研的实效性，完善《校级科研课题的立项制度》。强调发现真问题，做真研究，落实分层指导措施，帮助了更多的教师课题立项成功。教师结合学科日常教学反思，从中提炼出自己研究的问题，撰写研究方案，申报校级科研课题，学校组织评委筛选后推荐申报区级课题或区青年教师课题。四年来，立项了3个市级课题、19个区级课题、37个校级课题。学校设立科研助理，专门负责管理每一个各级各类立项课题的过程资料，建立一题一档。每项课题的承担人，每学期完成2份案例、2份文献综述、1份教案和课题在教研组的活动记录。不仅规范了科研课题的在研流程，而且加强了课题实施过程中的指导，确保每一个课题按时保质地完成结题工作，并取得成果。

学校注重加强日常的教学实践研究，取得教育教学科研成果。学校深刻认识到，教育研究本质上是一种实践性的社会活动，教育的生活世界是教育研究的家，是教育研究的生命所在，应该在教育研究中达成基于这一实践本性基础之上的实践理性[①]。由此，彰显实践属性理应成为未来教育研究发展的趋势。特别是作为一线教师，其工作性质、成长环境和个性品质决定了教师的教育研究活动

---

① 王兆璟.论有意义的教育研究[J].教育研究,2008(7).

其对象应该是教育教学情境中的现实问题,其目的不是为了丰富教育教学理论,而是为了解决教育教学实践中遇到的具体问题,寻找有效的问题解决方案或措施。教师的工作对象是具有主观能动性的智慧人,因而教师的工作虽有教育规律指导但又无具体规则可循,教师不能像技术工人那样按既定规则进行教学,而需要在不断研究教育教学与人及社会发展之间的关系中开展教学工作。教师成为研究者,从根本上说,就是要研究怎么使得自己的教育行为更有意义,怎样在自己的学生身上实现教育的意义。因而,针对工作、基于现实的实践属性是教师作为研究者的本质属性。基于此,学校强调,教师开展的研究工作,必须要根植于教学和管理的现实需要,要以解决实践性问题为出发点和根本导向。课题承担人把自己的课题与学科教研活动紧密结合,融入教研组和备课组,开展指导实践的有效研究。课题研究过程中,积累相关的数据资料,撰写典型案例,注重阶段反思,写好研究过程中的点滴心得体会,合理调整自己的研究计划。学校组织教师参加各级各类的科研成果评选,分获五项区等第奖。

学校注重营造学术至上的研究氛围,拓宽教师专业眼界。学校推荐教师阅读教育科研刊物,为每个年级、学科办公室,订阅相关的教育科研刊物。由年级组、备课组组织教师阅读交流,提供教师实践研究的理论支撑,丰富教师的研究阅历。学校创办了反映学校教育教学科研动态的刊物《小脚丫》,得到了学生、家长,以及社会同行的好评。《小脚丫》记录学校各项大型活动,推崇发现身边的教育故事;发表教师研究心得,推荐学生学习成果。这是一本集教育理念、教育方法和教育成果于一体的刊物,是学校品牌的标识。

学校注重创建教育科研特色,发挥科研团队的辐射引领作用。学校拥有一支年轻有活力且可塑性强的青年教师队伍,学校科研室以引领这支青年教师队伍的专业成长为重任,成立了"青年教师科研团队",参加对象主要是35岁以下的各学科教师。每学期我们设立活动主题,开展备课、上课、听课、评课、讲座等活动,每学年的寒暑假我们又会分别集中活动3—5天,开展主题研讨,确立个人研究专题,讨论课程开发等。如今这支青年教师科研团队,在课例研究过程中,提高课堂实效,研究策略创新,成就同伴进步;在课题立项中,深化了教学的研究;在课程创建实施中,拓宽眼界,成为学校教育科研的中坚力量,学校立项研究的百分之九十课题由他们承担,他们充满思维活力,积极参与学校各个研究项目。

以温情对话升华教师幸福

我们每个人都希望得到幸福,也不断地追求幸福是善待自己的普遍原则。当前,教师专业化问题得到了前所未有的关注,然而,如何在教师专业发展的过程中充分关注和提升教师的幸福感受,确实也已经成为一个极为紧迫的时代命题。

我一直认为,教师的幸福是一个充满温情的话语,不能仅用冷冰冰的指标体系来设计和达成,在这个充满温情和美好的话语体系中,学校需要以更加柔情的方式对待老师。

在日常的生活中,我保持着很好的阅读习惯,很多时候,我读到的一些文章往往能够引发我对办学治校的思考。

这是一位老师眼中的幸福:

一粒沙里藏着一个世界,一滴水里拥有一片海洋,我却试着透过教师这个职业诠释人生的幸福。

幸福是什么?幸福是一种感觉。

幸福是一种自己的感觉。清晨迎着朝阳,踏进美丽而富有生气的校园,是幸福;漫步连廊,耳畔回响着琅琅的书声,是幸福;打开书本,重温先哲质朴的教诲,是幸福;传道授业,相遇专注而渴求的眼神,是幸福;心语相慰,望着怵惕不再、挺拔而去的背影,是幸福;呜声上下,与一张张纯真的笑脸道一声"再见",是幸福……

幸福的感觉,需要自己去提醒。可曾几何时,已然淡出这种感觉。也许幸福不仅仅是感觉吧。

幸福是什么?幸福是一种渴望。

幸福是一种心中的渴望。如同春天,万物渴望破土催生茸茸的绿意。当你捧着一颗心当你激情四射当你静心阅读当你与学生打成一片……你乐在其中,你幸福着。竞争来了,学校也要考核:比职称、比成绩、比学生、比

1	2
3	

4	
5	6

1. 2. 3. 木工车间（2018年摄）
4. 5. 第三空间（2020年摄）
6. 攀岩馆（2018年摄）

新潮迭出

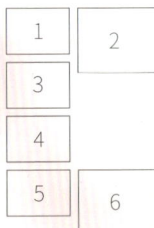

1	2
3	
4	
5	6

1. 3. 4. 财商课（2018年摄）

2. 英语分阶阅读（2018年摄）

5. 6. 诗词大会（2020年摄）

新朝迭出

1	2
3	4
5	6
7	8	9

1. 2. 3. 4. 草坪音乐会（2017年摄）

5. 6. 英语节（2021年摄）

7. 8. 9. 梅花节（2017年摄）

风景如画

1. 艺术展（2021年摄）
2. 美术馆课程（2017年摄）
3. 梅花节（2021年摄）
4. 梅花节（2021年摄）
5. 梅花节（2021年摄）

风景如『画』

红旗……社会重托、学校期盼、家长嘱咐……该如何处理这些本该是生活的快乐所在？如果你把这些看得太重，它摇身变成了你背上的枷锁！你会丧失初为人师的喜悦，你会滋生着职业倦怠感，你会心力交瘁，甚至你也会迷失心中的当初那份纯真、那份信仰……习惯面无表情地工作，习惯让自己的心很硬很硬地面对学生，习惯痛苦而无奈着！啊，朋友！牡丹自有她的艳丽，百合自有她的芬芳；当你追求的不是如何幸福，而是怎么比别人幸福时，幸福也就离你远去了。

幸福渴望，需要在心中燃烧。可那纷繁芜杂常常乔装而来，酷似幸福！也许，幸福不仅仅是渴望吧。

幸福是什么？幸福是一种理解。

幸福是一种人生的理解。你认为尽责是一种幸福，你就有了责任作为幸福的体验；你认为师爱是一种幸福，你就有了与生同乐的幸福体验；你认为奉献是一种幸福，你就有了比别人多得多的幸福体验。侧重不同的教育理念孕育了各样的教育人生。童心母爱教育的斯霞，爱心民主教育的李镇西，激情思想同行的窦桂梅，播种理想的袁瑢，美与大气融合的虞大明，生活就是课堂的张启建，等等，同行的大师们静静地以平和之心，感悟教育的真谛。朴素而诚挚地理解，亲切温暖地引领，走向教育的幸福。

幸福的理解，需要人生去践行。有什么能让幸福的"尾巴"相依相随？也许，幸福不仅仅是理解吧。

幸福是什么？幸福是一种境界。

幸福是一种感恩的境界。亲爱的老师：你不会叫他吗，因为他肯定回答不上来？你最厌烦他吗，因为他老是淘气？你想放弃他吗，因为他绝对考不及格？如果换一个角度呢？绝对考不及格的学生，磨练了你的心智；老是淘气的孩子，增进了你的见识；肯定回答不上来的人，助长了你的智慧……以生命的视角，感恩的心灵来看待孩子，幸福的"尾巴"不期而至。您，便是最幸福的老师！学生看到教师您就像在寒冷的日子里看到了太阳，心就不知不觉暖洋洋亮光光。

陶行知给犯错的学生"四块方糖"，李镇西与学生躺在雪地上写成"一班"，张伯苓当众折断自己心爱的"烟袋杆"，苏霍姆林斯基摘下了另一朵玫瑰……感恩的心灵，创造着一种幸福的新境界。

微笑吧,老师,你完全可以幸福。

从这些朴素的话语中,我感受到,幸福不是某种通行的标准,而是一种开放的心态、仁爱的情怀和人生的境界。由此延伸,我们要创造教师的幸福,就要有一种开放的思维,有一种为教师创设平台让教师自由展示、自由表达的机会,只有在这种自由的心境中,在多元的对话中,教师才能够更好地感知幸福的体验,学校的教师幸福,才是真正有温情的幸福。

表达,可以说是人生存和发展的"通道",也是事业和生活的"枢纽"。

不过,对教师而言,表达又有什么职业特点呢? 在我校副校长丁羽宏看来:"教师是一名表达者,但绝不是一名普通的表达者,不同于任何其他职业,教师是一名'持证上岗'的表达者。我被赋予了表达的权利,被赋予了日复一日去影响,去塑造,去雕刻一个个鲜活灵魂的责任。除了教师,任何一个职业都不曾被赋予过这样伟大而崇高的使命。因此,我对自己的职业充满敬畏。我突然理解了什么叫作'人类灵魂的工程师',也懂得了要谨慎对待我的每一句'表达',因为我,是一名'持证上岗'的表达者。"

她在学校"年度讲坛"上娓娓道来:"我终于可以用自己的理解去定义'表达'——表达就是建立联系。是人与人之间建立的联系,更是灵魂与这个世界建立的联系。因此,表达是一个多么温暖而美好的词啊!"

她认定:"无论表达的方式是什么,表达的核心是观点,是情感,是思想。有思想的表达才深刻,有情感的表达才丰满,有观点的表达才有助于建立真正有意义的联系。而在所有的表达中,我们无法否认,语言是最直接,最迅速,最精准的表达方式。"

她说,我是一名小学老师,我每天做得最多的事情便是"说话",是天然的"表达者"。而"表达"这个主题也让我由衷地去重新审视了我的职业。

老师引导、影响、塑造了孩子,而孩子决定了世界的未来。那么,我憧憬未来的世界什么样,我就要努力用我的"表达"把今天的孩子们塑造成什么样。因为,我的表达里就藏着这个世界未来的样子。

为了迎接一个更美好的世界,我想要这样表达:

我的表达里要有太阳,世界的未来便是温暖而明媚的。

我的表达里要有鲜花,世界的未来便是芬芳而斑斓的。

我的表达里要充满赞美,世界的未来便多了包容和理解。

我的表达里要充满爱,这样,世界的未来便不惧伤害,不怕黑暗。

我要努力说好每一句话,做好每一次表达。我希望通过自己的职业表达,用微不足道的努力去塑造一个我未必能够看到,但终将到来的,比现在更美好的世界。

她的这种"表达",充满了"教育世界"的表达。

如果说,教师是一座富矿,那么,表达就是"井喷口"。在民办上海上外静安外国语小学,教师每天都会在课堂进行表达,这种职业性的表达,当被置于特殊的场景,被赋予特别的意义,就显得与众不同了。上升到思想性、境界性、学术性的表达,这种具有高度、深度、厚度的表达在作为校长的我看来,是一种教师发展的"幸福窗口",也是教师涌出幸福感觉的"快乐管道"。

吹响表达的"集结号",从 2014 年开始,每逢年末,校园内都会举办"上外静小年度教师论坛",且每年一个主题,围绕时下办学的议题和教师的关切进行集中的阐发:2014 年——我的学科骄傲;2015 年——看世界,做自己;2016 年——我理解的学科素养;2017 年——在办学理念引领下的课程建设;2018 年——我的幸福故事;2019 年——与儿童对话;2020 年——学科表达;2021 年——公正而有力量的教育。在这里,我们关注教育热点,交流教育理念,畅谈教育情怀。

每一次年度教师论坛,成为教师表达教育主张的"新媒介",成为教师切磋学术的"共舞台",成为学校奏响优质教育的"交响乐",也成为让教师感受教育温情,提升幸福体验的有效载体。

一、与自己的学科对话

年度教师论坛,是教师审视学科及其学科教学的最好机会,许多教师在梳理本学科的特性基础上,纷纷发表了真知灼见。他们以学科为母本,通过实践提炼和提升学科的育人价值和独特个性,形成了具有自身特色的"学科宣言"。

美术教师黄佳妮在《美术与美述》中"素描"了这样一个场景:"老师,今天我来介绍一幅画。"两分钟预备铃之后,小葛同学突然举手说道。"好呀,你来吧!"我回答道。"哇,你准备好啦,真棒!""你是第一个上来说的人哦!""牛人啊!"在班级同学的赞叹声中,小葛同学得意洋洋地走上讲台,打开 PPT,自信地说:"今天我来介绍一幅画,这是我画的。之前我看到毕加索的《格尔尼卡》,颜色很单调,画面很怪异,我又喜欢阳光城市里的人,所以就画了这张,这个男的很魁梧,手里还拿着把钻石剑,很威武吧。"

"还有呢?"我问道。

"哦,这是一张水粉画。就这些了,我说完了。"小葛笑嘻嘻地说。教室里稀稀落落地响起了不多的掌声,小葛尴尬地站在屏幕前。看到她渐渐暗淡的眼神,我连忙说:"今天小葛很勇敢,她是我们班表达项目的第一人,可是老师还想听她介绍下去,你们觉得介绍作品的时候,还需要介绍什么内容呢?"

小马举手说道:"我觉得可以说说这张画的颜色和色调。"

小朱说:"可以说一说画面的构图。"

"表达其实有很多种方式,歌手用歌声表达情感,舞者用肢体语言来表达情感,画家则是用他的画笔描绘出内心情感。所以在介绍作品的时候,我们可以从作品的构图、色彩、笔触来分析作品。像上次我们分析《向日葵》的时候说到过,多数开放或未开放的葵花头,造型富有变化,花朵呈现大小、高低及穿插变化。黄色是它的主色调,不仅表达了收获和温馨,也歌颂了成熟和生命的礼赞。这就是用我们的美术知识在分析这幅作品。"

美术表达效果要提高,就要通过优化语言表达方式来实现。美术语言是一种特殊的语言,它的基本原理是主要由点、线、面、形状、色彩、结构、明暗、空间、材质、肌理等,以及将造型元素组合成一件完整的作品,包括多样统一、比例、对称、平衡、节奏、对比、和谐等。我们只有了解了美术语言才能更好地欣赏美术作品,只有学会运用美术语言才能更好地创造美术形象。

二、与自己的教育对象对话

教师与学生的"对话",都是表达,也是一种心与心相碰后的共振。年度教师论坛,对儿童的研究,深入到了核心地带。

《带着真爱去对话》的作者在论坛上说,世界上有一种对话,只能用心去交流,那就是和孩子的对话。每个孩子都是独特的,一个孩子就是一个世界。学会对话,倾听他们的话语,倾听他们的心声,倾听他们对世界的理解和对未来的梦想。唯有如此,才能更好地走入孩子的心灵深处。

和孩子对话从认识孩子开始。这个世界没有完全相同的两个孩子，就像这个世界不存在一模一样的两片树叶，我们的孩子各不相同，小琦是一个胆小怕事、敏感感性的人，他有时粗心大意，有时又细心敏感，他鲜少和我交流。但是有时会告诉我今天的队活动，觉得很好玩或者很有用。他也会哭着告诉我，今天被某老师批评了，或者今天的木工证被老师收走了。有的孩子可能有报喜不报忧的习惯，这也是孩子保护自己的方式，如何从他的情绪中发现问题，引导孩子说出自己的困难或者困惑，这就需要我们日常观察孩子了解孩子，更需要我们的摸索和学习。

一个善于倾听的教师能听取学生语言中所包含着的心情、想法，与他们心心相印，还能唤起学生的情感体验，把握学生的情感动向，迅速准确地从学生发出的各种声音中听出各种情感，才是一个好教师。倾听时，教师要用一颗平常心去理解学生，不要把自己装扮成"圣人"，对学生大惊小怪，横加指责，以免造成学生关闭心灵闸门，就此闭口不言的尴尬局面。

班主任工作坊曾围绕"如何倾听学生的声音"开展了学习和案例分享，引导班主任用一颗爱心去倾听，加强自我学习，掌握倾听技巧，积极深入学生课余生活，倾听学生的心灵呼唤。着重提醒班主任要做到"五不要"：不要因轻视对方给予反驳，而放弃倾听，不要使自己陷入争论，不要着急于判断问题而耽误事情，不要回避难以应付的话题，不要逃避以往的责任。班主任受益匪浅，通过写随笔来表达学习感悟，分享成功或失败的案例。

三、与自己的特长对话

教师从入行到懂行，究竟懂什么？学校围绕六个"懂"展开方向性的培养，寻找培养路径。

翁亚智老师，音乐老师，教龄21年，她可以习以为常地、心无波澜地工作。安静得感觉不到她的存在。第一次点燃她，是五年前，得知她是双排键专业，我建议她，"我们打造一间电子琴键盘教室吧！"她的眼睛亮了。于是，她所教的两个年级的音乐课在乐器教室上课，自编课程；第二次点燃她，我说："我们自建一个乐队吧！"于是，她指导乐队获得"全国电子琴键盘大赛一等奖"（上海唯一的小学）；第三次点燃，她主动说："我们学校可不可以加入上海音乐家协会电子键盘专业委员会?"于是,她与一群志同道合的专业教师在一起,还自费深造;第四次点燃,我提议:"我们办一场夏季草坪音乐会吧!"于是,她成了校园里最美的艺术家。今年,她领衔市教委教研室的前沿项目,研究绿色综合评价指标中关于"艺术素养"的评价工具。唤醒一位教师向善向上向美的因子,首先是懂她,然后搭平台,给机遇,制造事件,在动态的自省中等待成长。

■ 观 点

论坛是历练

年度教师论坛,是具有质性的论坛。它本质上属于教师对教育、教学理解的"个体诠释",也是实践出真知的"体验反馈"。这个论坛,通过主题引领、节点固定、情景创设、个体熟思等环节,串起了教育学术的"项链",成为学校教科研的"一线"。

论坛,是汇集思想,亮出观点,整理思绪;论坛,是经历流程,阅历流动,历练流通,因此,从某种意义上说,就是反思、反哺、反馈。

论坛,不仅在于按时"送出",而且在于平时"积淀",倡导的是学术,推崇的是文化。

第五章

系统变革——"幸福感"学校的综合保障

故事

承载幸福的小纸条

如果要问一下上外静小的孩子们，他们在读书生涯中最难以忘记的瞬间，我相信，很多孩子会说他们给校长写过"神秘"的小纸条，而我也会根据他们的小纸条，给他们回纸条，解答他们的困惑。承载幸福的小纸条代表着认可和关爱，一个五年级的孩子在临近毕业的时候到我的办公室看我，发现我桌子上玻璃下面压着一张纸条，巧合的是，这张纸条正是他五年前一年级入学的时候写的，纸条只有七个字："我会常来看你的"，短短七个字表达了孩子对于学校和我的认可，而我这张珍藏五年的纸条，则让孩子看到了校长对他们的关爱；承载幸福的小纸条代表着尊重和对话，在孩子们的纸条中，他们会有各种各样的困惑，比如有的孩子会说，我们的学校太小了，体育活动的场地不够用，我则会通过回纸条这种非正式的方式告诉孩子我们学校未来的规划，让他们对未来的学校生活充满信心；承载幸福的小纸条代表着面向人人，教育公平。有的孩子会说，校长，我好像一直没有收到您的纸条。的确，很多时候，我都是在收到孩子们的纸条后给他们回纸条，而没有主动发现孩子，给他们主动写纸条。孩子们的话让我更加清醒地认识到校长的每一个行为都可能影响孩子的心情、生活，进而影响他们的发展。疫情期间，我给孩子们都录制了有声纸条，鼓励他们养成良好的生活习惯，团结起来一起战胜疫情。小小纸条，内容虽少，形式也不复杂，但是却承载了学校的幸福内涵，也让我们每一个教育工作者都时刻警醒自己：幸福没有那么容易，每个人都有自己的特殊需要，教育就是要主动发现孩子们的需要，通过系统性的学校变革尽可能满足孩子们的需要。

办一所充满"幸福感"的学校是一项系统工程，需要通过学校整体的改革发展一步步去实现，一层层去达成。由此，学校改革，是实现学校办学目标、办学价值的基础，也是持续打造具有幸福感学校的保障。

当前，推进我国学校教育改革与发展有多种方式。比如，有政府推动教育改革的行政主导式；有学校自主进行改革的学校自发式，其中包括校长领导全校的改革、教师自主研究学生开展的改革；还有，学者到学校中去，与校长、教师和学生共同研究,改进和推动学校教育改革与发展的学者助推式①。不论哪种模式的学校教育改革,都有其优势和弊端。就具有幸福感的学校打造而言,是一种由学校自主设计、自主实施的自发式变革,我们希望通过校内外教育资源的有效整合,推动学校管理、文化、制度等的系统性变革,为具有幸福感学校的打造提供系统保障。

---

① 孙绵涛.内引发展式:学校改革发展的内在诉求[J].中国教育学刊,2016(12).

美国学者帕顿(Patton.C.V.)指出,我们日益复杂化的社会使得我们面临诸多越来越难以解决的政策问题[①],这在教育领域也不例外。制定教育政策和研究教育政策也已经成为推动教育事业改革发展的重要路径。教育政策是政府在一定时期为实现一定的教育目的而制定的有关教育事务的行动准则,教育政策的价值在于解决教育问题(参见表5-1),在教育事业分支越来越细化的当今时代,我们迫切需要教育各领域完善的政策来提供化解教育问题的重要引领。

表 5-1：教育政策的作用[②]

功 能	针对的问题(举例)	政策方案
导向作用	教育培养什么样的人	教育方针:培养德智体美劳全面发展的社会主义事业建设者和接班人
调控作用	基础教育如何发展	首先保证义务教育发展,其次高中教育
协调作用	教育与经济发展的关系	教育要适度地优先发展
制约作用	保护少年儿童合法权益	严禁使用童工
管理作用	教育事权的隶属	基础教育由地方负责
分配作用	教育经费的保障	教育经费预算单列

从学校的改革发展而言,不论是理念的提出,还是实践的推动,都不应该是孤立的,必须要根植于整个经济社会发展的大环境,与外部政策、制度形成良好的互动。学校为什么要建设"幸福感"学校,学校建设"幸福感"学校面临怎样的外部条件,学校是否有可能在政策制度层面获得更多的支持和保障,这是学校在"幸福感"学校建设中必须思考的重要问题。而要真正解决好这一问题,首先就

---

① 卡尔·帕顿,大卫·沙维奇.政策分析和规划的初步方法[M].孙兰芝等译.北京:华夏出版社,2001:3.

② 吴志宏,陈韶峰,汤林春.教育政策与教育法规[M].上海:华东师范大学出版社,2002:7.(注:部分内容根据最新政策文件有所调整)

要对事关学校幸福感建设的外部政策环境有一个全面理解。对于上外静小而言,我们所理解的政策,不仅仅是静态的文本,更为重要的是习近平总书记对于人生幸福的重要论述。我们希望能够从总书记重要讲话折射出来的对于幸福的价值肯定之中寻找持续建设"幸福感"学校的动力,也希望从区域"十四五"整体规划中寻找更多的建设"幸福感"学校的能量支持。

一、"奋斗幸福观"对人生幸福的系统阐述

近些年来,"幸福美好"一词频繁出现于国内各大媒体,也成为百姓街谈巷议的话题。据了解,国内至少有 18 个省市把幸福列为施政目标,100 多个城市提出建立幸福城市。对于幸福是什么,不同人有不同看法,可谓言人人殊,一时间不少人认为幸福似乎只是一个主观感受的概念,不好琢磨,实施起来也很难找到抓手。党的十八大以来,习近平总书记多次在不同场合结合"人民幸福""人生幸福"做出重要论述,特别是"奋斗幸福观"已经深入人心,成为中国共产党人和全国各族人民以奋斗成就人生幸福的重要精神力量。

习近平总书记在 2018 年新年贺词中说"幸福都是奋斗出来的";在春节团拜会上再次强调"奋斗本身就是一种幸福""新时代是奋斗者的时代";在十三届全国人大一次会议闭幕会上又指出"世界上没有坐享其成的好事,要幸福就要奋斗"。三个月里,习近平总书记三次在重要场合强调奋斗与幸福的关系,可见其对当代中国意义重大。

总书记认为,幸福都是奋斗出来的。幸福是一个人的需求得到满足而产生的长久的喜悦,是从不幸之中解脱以后和与之形成对比才能感觉得到的,包括满足、快乐、投入、意义四个维度。单从满足需求这个维度来讲,无论是物质富足还是精神满足都需要提供一定的物质条件和精神慰藉,而这些条件都不会唾手可得,是需要实实在在付出时间、精力和情感去奋斗争取的。总书记在党的十九大报告中指出,中国特色社会主义进入了新时代。新时代赋予新使命,新使命需要新作为,新作为要靠新奋斗。首先,从新中国建立初期的一穷二白到跃居世界第二大经济体,中国的迅速发展靠的是在中国共产党正确领导下,一代又一代中国人努力奋斗的结果。其次,我国社会主要矛盾已经转化为人民日益增长的美好生活需要和不平衡不充分发展之间的矛盾。也就是说在初步满足基本生活需要

的基础上,人民群众对美好生活产生了更高标准的新要求,而实现人民群众更高标准的幸福仍然需要我们继续团结奋斗。再次,正如习近平总书记指出的,人民对美好生活的向往就是我们的奋斗目标。中国共产党的初心和使命就是为中国人民谋幸福,为中华民族谋复兴,这是由中国共产党全心全意为人民服务的宗旨决定的。人民群众对美好生活的需要日益增长,中国共产党就必须担负起团结引领全国人民一起奋斗的历史使命。

总书记同样认为,奋斗本身就是一种幸福。幸福的真谛就在于奋斗,在于追求幸福、赢得幸福。只有奋斗,才能创造更多更好的物质财富和精神财富,才能不断增强成就感、尊严感、自豪感。习近平总书记指出,奋斗者是精神最为富足的人,也是最懂得幸福、最享受幸福的人。而且,物质的富裕与享受更离不开艰苦的劳动和无畏的奋斗,当然这其中包括体力劳动和脑力劳动两方面。读懂了奋斗者的幸福也就理解了幸福与奋斗的辩证关系。这种幸福,不止于感官上的刺激、物欲上的满足,而是更高层次的情感追求、更有意义的生活方式、更大价值的人生取向[1]。

中国特色社会主义进入了新时代,新时代必将面临更多挑战,进行伟大斗争,建设伟大工程,推进伟大事业,实现伟大梦想,都必须依靠奋斗才能实现中华民族伟大复兴的中国梦。这同样意味着,作为学校教育,要真正打造幸福学校,提升师生的幸福感,就要运用总书记的"奋斗幸福观"来教育引导师生,不仅要通过外部环境、物质条件的改善让师生更好地体会幸福,也要从精神层面让师生感知"奋斗的人生才是最幸福的"这一科学认识。只有如此,才能更好地理解和实现幸福应有的价值与内涵,通过幸福教育的实施,不仅提升师生的感受,更培养师生能够享用一生的宝贵财富,培养他们的奋斗精神和吃苦耐劳品质。

二、"十四五"规划静安对幸福教育的顶层设计

学校的改革发展总是处于一定的区域之中,区域整体经济社会发展的顶层设计能够为学校发展带来更多的外部支持和保障。

按照静安区教育事业"十四五"发展规划的相关内容,"十四五"时期,静安教

---

[1] 王耀武.准确理解和把握习近平奋斗幸福观[EB/OL]. http://www.china.com.cn/opinion/theory/2018 - 05/30/content_51531418.htm.

育要更好地贯彻落实党和国家教育方针,贯彻落实习近平关于教育的重要论述、全国和上海市教育大会精神,全面落实《中国教育现代化2035》《上海教育现代化2035》和《上海市面向2020年加快推进教育现代化实施方案》,保障教育优先发展的战略部署和要求,更好地促进静安教育"十四五"持续高位高品质发展,加快实现高品质教育国际化、高水平教育现代化。

在具体的发展目标上,"十四五"期间的静安教育,要高举习近平新时代中国特色社会主义思想的伟大旗帜,以正确的教育观为引领,以立德树人为根本,把握未来教育特征,建成高水平教育公共服务体系,实现各级各类教育高位优质均衡发展,形成著名教育品牌积聚和高端学校集聚群;打造一支师德高尚、业务精湛、有风格有思想、结构优良、充满活力的高素质专业化创新型品牌教师队伍,实现优秀教育人才集聚,形成具有全市、全国乃至国际影响力和知名度的名优校长和教师群;形成共治善治的教育生态优良的全市乃至全国一流的教育治理新格局。特别值得一提的是,在静安教育"十四五"发展规划中,专门提出要形成促进学生以拥有"全球胜任力、坚毅品质、幸福力"为静安区本特征的全面健康生动活泼发展的局面,建成具有发达城市中心城区显著标识的高水平教育现代化建设示范引领区和具有影响力的卓越教育强区,迈向高水平教育现代化。

从上述静安教育"十四五"期间的整体顶层设计看,培养学生的"幸福力"是一个专门的、重要的维度。这也就意味着学校作为静安区内一所知名小学,努力打造具有幸福力的学校是契合区域教育改革整体发展趋势的。这种学校发展与区域整体改革发展的内在契合,能够保障学校整体发展正确的方向,也便于学校争取更多的外部资源,保障为学校成长提供源源不断的资源。

第二节 从日常管理中渗透幸福

学校幸福的达成,需要科学规范而又充满人文关怀的日常管理来保障。从管理理论的发展看,幸福管理本身也是现代管理的一种重要理念。

管理思想的发展具有延续性,每一次前进都是在修正先前理论或模式缺陷基础上形成的。从人类社会产生到 18 世纪,人类为了谋求生存自觉地进行着管理活动和管理实践,但是人们仅凭经验去管理,尚未对经验进行科学地抽象和概括,没有形成科学的管理理论。直到以泰勒为代表的古典管理理论的产生才弥补了经验管理的科学性不足,第一次以科学的系统的方法来探索管理问题,从此科学开始代替随意、理性开始代替经验,管理学从此作为一门科学开始登上历史舞台。自此,行为管理理论、现代管理理论、后现代管理理论等先后在不同历史时期占据管理理论的主导,并在促进管理效能的提升过程中发挥着不同程度的价值。

从管理意义上说,我认为幸福就是在管理互动中充分发挥和利用每个人的智慧和优势获得自身的发展,并不断地追求生存优越和快乐以满足自己不断提升的物质和精神需求,使之增进组织利益相关者幸福最大化的至善境地。而幸福管理就是充分发挥和利用每个人的智慧和优势来协调组织的资源以增进组织利益相关者幸福最大化的机制运行过程。幸福管理作为管理发展的新阶段,既是一种价值观,也是一种方法论,其精髓在于激励人、自我实现人、文化人、幸福人的理念,其实质是改变人们的生活,使人获得幸福与快乐①。对于学校而言,彰显和运用幸福管理的理念,就是创建"民主、高效"的管理机制,提升日常管理工作效能,优化师生成长的外部制度和环境体系,在日常管理中渗透幸福,让师生在学校日常活动中感悟幸福。

---

① 蒲德祥.管理思想发展的新阶段——从科学管理到幸福管理[J].华东经济管理,2009(9).

一、创建"民主高效"的管理机制

（一）顶层设计，实施目标管理

学校传承"文化立校、和谐育人"的教育理念，在新的历史发展阶段进一步确立了"看世界、做自己"的办学目标。在课程设置、课堂学习、育人模式、活动设计、多元评价等诸多方面着重引导学生认识客观世界，丰富内心世界，做最好的自己。"办一所充满'幸福感'的学校"是上外静小的教育追求，学校成员通过理论学习、教师论坛、实践探索、家校协同，进一步阐释了"办一所充满'幸福感'的学校"的内涵。

坚持依法治校，通过完善目标管理，实施发展规划，全面提高运行效率。依据规划建立目标体系，顶层设计是总体目标即上位目标，培养目标具有核心地位，部门目标是规划在各个部门的细化，阶段目标是在年度规划、学期计划、每月工作、一周安排中分解、操作与落实。

（二）健全制度，实施民主管理

依据办学目标，修改完善《民办上海上外静安外国语小学章程》，编制《学校质量管理手册》。力求民主管理常态化，将校务公开、民主决策、教代会、各项考核评优、"三重一大"制度等各类日常管理工作落实到位，力求标准明晰化、程序规范化、过程透明化。围绕办学目标，从目标、课程、教学、评价诸多方面创新育人模式，建立与之相匹配的机制。《上外静小学生游学机制》《上外静小学生校外体育锻炼机制》《上外静小后备干部轮岗机制》《上外静小青年教师学术旁听机制》《教师绩效奖励机制（3.0 版）》等新机制有效地推动了民主管理，形成团结合作、开拓创新、与时俱进、高效管理的新局面。

（三）整合资源，实施开放办学

"小学校，大格局"是上外静小的发展战略，场地小是客观事实，办得好，天地由心而开阔。学校始终坚持敞开校门，开放办学，借助社区资源满足教育教学的发展需求。2015 年学校与上海自然博物馆签订了"馆校合作协议"，开启了博物馆科学探秘之旅；与静安区绿化和市容管理局签订了"野生动物保护项目合作书",设计了一系列"野保活动";与"上海音乐家协会电子键盘专业委员会"联手开发"电子双排键课程";与"上海外滩美术馆"携手艺术欣赏课程,与静安区体育局合作"每周外出体育运动项目",体育局为学校提供少体校专业场馆,安排专业教练的定制课程⋯⋯这样的开放与融合,丰富了学生的学习经历,延伸了学习空间,实现着"小学校,大格局"的办学思想。

二、营造"安全文明"的校园环境

环境具有重要的教育意蕴,也是关涉师生幸福的重要元素。

人们常会有这样的体验:当自己处于一个杂乱无章、阴暗肮脏的环境中时,内心会变得烦躁不安;而当自己处于一个整齐有序、清洁明亮的环境中时,内心会感觉安定愉悦。这是因为环境对于人的心理可能具有某种感染作用,即:当人们将某种特定的情绪情感状态充分地表达在其所创设的相应的环境中时,那种环境实际上就成了人与人之间传递、交流情绪情感的中介,那种特定的环境就会唤起人的相应的心理状态,从而间接地发生心理感染的效应[①]。一个绿树成荫、鸟语花香、窗明几净的校园,能够让学生产生积极的情绪情感状态,校园环境对于学生在心理上产生的这种影响会促进学生身心的健康成长,这是其教育寓意所体现的一个重要方面。另一方面,当我们刻意把学校所倡导的教育理念与价值取向融入校园环境的各种设施之中时,校园环境中的物质载体就会直接、间接地向生活其中的学生传递各种相应的教育信息,一定程度上引导和规范着学生的观念和行为方式的形成。校园环境通过这样的间接暗示功能对学生实现着教育,这是校园环境教育寓意性的又一个重要方面[②]。校园环境的双重教育意蕴,实际上都关涉到了通过主动性的校园环境设计触及和提升师生的心理感受,进而提升师生幸福体验的效能。由此,在打造充满"幸福感"学校的过程中,上外静小把营造"安全文明"的校园环境作为一个重要抓手,通过系统性的校园环境设计,为师生成长提供一个温馨愉悦的物理空间。

学校注重依法办学,校务公开,不断规范完善财务管理制度。努力贯彻执行国家有关法规、法律和财务规章制度,坚持勤俭办学的方针,合理编制学校预算,

① 赵中建,邵兴江.学校建筑研究的理论问题与实践挑战[J].全球教育展望,2008(3).
② 林刚.中小学校园环境的教育寓意性设计探究[J].教育研究,2013(3).

并对预算过程进行控制和管理;合理配置学校资源,努力节约开支,加强核算,提高资金使用效益,不断健全学校内部管理制度;确立了"统一领导,集中管理"的学校财务管理体制,财务工作实行校长负责制;由总务处和财务处具体统一管理学校的各项财务工作。总务处及财务处每年按上级规定,依据学校工作计划编制下一年度财务预算,坚持"量入为出,收支平衡"为总的原则。勤俭节约,收支平衡,每学期各项收费按照国家政策标准制定并在校园公示栏进行公示。不断完善支出管理制度;在事业性支出的使用中,按需使用,不超标,指定项目和专项资金做到按项目使用,不得挪作他用,在使用中注意票据、合同的规范,项目完成后并接受有关部门的检查和验收;大额维修及大额采购项目,按照学校"三重一大"制度规定,按规定上报相关主管部门审批。

学校注重规范管理,账物相符,不断加强落实学校财产管理制度。学校不断完善采购制度,低于300元以下的教学用品,直接交由总务处采购;超过300元以上物品,申请人需填写申购单,写清物品的型号、数量,交由相关校领导签字同意后,方能交由总务处进行采购;发票上要有使用人、采购人、校长签字;如果产生大额采购,要按照学校"三重一大"制度规定,先交由学校行政会审批项目的可行性,如有必要,按规定上报相关主管部门审批,再进行采购。学校所有物品的账册登记工作由财产管理员负责;财产管理员将物品分门别类登记,登记账册做到物品、名称、数量和记录相符合;学期末由学校负责人及主管部门定期检查账册登记情况。严格按照相关规定进行财产报废,根据勤俭办校原则,教学仪器做到物尽其用;报废设备统一登记,上报相关部门,报废后相关单据由学校负责人,财务主管和财产管理员签字并及时清账。

学校注重积极主动,服务一线,切实提升后勤工作效率。随着我校各项工作不断跃上新的台阶,学校对后勤管理工作的要求逐年提高,为了适应教育教学的需要,使学校后勤工作主动,保障有力,学校不断优化后勤工作机制,实行规范化管理;财务、财产、档案、总务主任等后勤老师积极参加各项培训,积极提升专业素养,从而更好地为师生服务;总务处对财产、财务、卫生等各条块老师每月有考核,每学期进行"服务明星"评选,鼓励总务老师更好为老师服务,有力地保障了学校各项教育教学工作的顺利进行。

学校注重定期检查,排除隐患,保障校舍、场地及各类硬件设施设备完好。对校园校舍、场地及相关设备的维护保养工作是总务部门的重要工作内容,总务处全体教师各司其职,全力维护校内各种教育教学设施的正常运转。总务处每月对校舍及操场等附属设施定期进行巡查,发现损坏及时维修,对于教室、办公室内的教学设备、设施采取了"保修单"制度,教室或者办公室的家具、电器、设备等故障,总务处在报修后一至三天内修缮完毕。

学校注重加强信息技术管理,完善校园网络建设,建立安全高效的校园网络。完善并落实学校网络管理制度,禁止任意修改和删除校园网系统的文件和数据,保护校园网的设备和线路及附属设备,从而保证校园网络安全;2015 年,学校官网全面更新,使校园网的界面更加人性化和具有亲和力;校园网的内容不断充实,加强资料的搜集和上传的即时性;更加注重校园网的实用性,开通了新生网上报名、校长信箱等功能,得到了家长和社会的好评;学校注重校园网络和新技术的更新,我校及时引进了相关新技术,如网络云平台,实现了公开课、重要活动的网上直播,使校园网络更好地为教育教学服务,获得了良好的效果。

学校注重美化环境,重视安全,创建绿色文明的校园环境。不断提高校园环境的品位,努力营造有特色的环境氛围。在校园的东门口设计了由绿色草坪、小型喷泉组成的绿化小品,让师生一进校园就感觉到学校绿意盎然;为了让校园在有限的空间内呈现更多的绿色植物,学校在西楼的顶楼建设了屋顶花园,在东楼的顶楼开设了学生蔬菜种植园,学校还在操场长廊建了一堵立体的自动滴水光照绿化墙,跑道边的立柱上挂上了悬吊植物,学校的环境得到了极大的改善;为了让校园绿化得到更好的养护,我校每年与区里有资质的绿化管理公司签订协议,定期优化校园生态环境,使校园的四季有着不一样的美。

在学校文化中揭示幸福

学校文化是学校的灵魂,融含着办学理念的学校文化是学校一切教育活动的土壤,是教育机构赖以生存与发展的动力之源①。学校文化建构的过程即是构建学校核心价值体系的过程,也是夯实学校长远发展根基的过程②。从历史视角来看,学校在追求规模扩张与质量提升的同时,必然逐步走向学校的内涵发展,并最终通过形成以价值观导向为核心的"文化场"来实现化人、强校。可见,学校文化建构本质上就是以价值观导向为核心、在遵循一定的内在秩序与规约的前提下实施的建"场"过程。

学校文化是一种特殊的社会文化存在形式,它涉及教育的理念、精神和宗旨等根本性问题,是孕育学校气场、风气与氛围的根源,是影响教育活动质量、制约学校机构发展的内在因素,是形成各种教育关系、影响师生发展的土壤与根基。学校文化建构的内涵首先在于核心价值的形成,其次在于"文化场"的形成。

从教育的目的与学校的功能视角来看,无论是倾向于教育服务于社会,还是倾向于教育服务于学生个人,都必然地、不可避免地把教育的目的与学校的功能最终指向学生个人,指向人的素质与素养的提高,指向人的发展。学校教育作为一种外在的教育形式与影响力量,应始终以人的自我意识的发展、成熟与独立为根本的价值追求,应以促进人的个体尽可能充分地发展为终极目标。学校文化建构是以促进学校教育功能的实现、以服从于学校整体发展为前提条件的。因此,学校文化建构必然要归于促进人的发展的主题。由此可见,学校文化建构的内涵首先在于其核心价值的形成。学校文化建构的本质是在存异的过程中实现正向的价值趋同,亦即融合办学思想与教育理念,从而形成统一的核心价值导向的过程。这种核心价值观导向既符合体现社会发展趋势的"底色"要求,又凝结了学校自身教育经验与文化积淀的"特色"价值,因此也形成了学校文化内涵

---

① 纪德奎,孙嘉.美国农村学校文化的发展历程及启示[J].湖南师范大学教育科学学报,2015(1).
② 张传燧.治理、文化、质量:高等教育深化改革的三大主题[J].大学教育科学,2015(1).

的特质。

学校文化建构是一个长期的过程。文化是一种无形的感染力量,有着一种深厚的人文底蕴。"文化场"正是基于这种无形的力量与深厚的底蕴所能辐射、影响到的空间范围。学校文化建构正是要致力于建立起一种微观意义的环境空间,一种基于教育意义的精神场景。这种环境空间与精神场景正是一种"场"的存在,它蕴含着具有相对稳定性的核心价值观念,孕生着恒久的、有着深厚感染潜能的向心场力。由此可见,学校文化建构的内涵其实在于"文化场"的形成,即建场。学校文化建构的内涵反映着学校文化本质上的价值导向与过程要求。把握学校文化建构的质性与过程内涵,对科学地建立学校文化建构模型、正确地制订学校文化发展规划、有效地推动学校文化建设的进程,具有十分重要的现实意义[①]。

基于学校文化的内涵与价值梳理,特别是"文化场"的阐释,我们认为,学校文化建设理应成为建构幸福学校的重要载体。上外静小向来注重学校文化建设,致力于打造具有学校特质的物质文化、精神文化、行为文化、群体文化等,为师生幸福成长提供文化支持。近年来,围绕幸福学校的建设问题,学校又对自身的文化体系、文化精髓进行了重新厘定,形成了具有学校特色的"幸·福文化"体系,通过对这一独特文化体系的解读,我们能够感受到学校围绕幸福学校建设所进行的文化维度的思考。

学校文化,是办学发展的必然选择,是全体师生奋斗历程的价值凝聚。认真梳理学校发展历史,清晰回顾学校成长历程,特别是办学理念及其办学思路的产生、发展过程,总结其中的必然因素,是上外静小文化立校优质发展的现实需要。

一、"幸·福文化"的产生历程

"幸·福文化"起源于办学传统,产生于办学理念,萌芽于办学特色,成就"让每一个孩子获得充分的发展,让每一个孩子拥有幸福的童年"的学生培养实践,植根于全校师生对学校发展价值与愿景的认同。简要回顾学校办学特色的历史

---

① 雷芳.学校文化建构的基本路径与内在机理[J].湖南师范大学教育科学学报,2017(1).

成因,对于构建"幸·福文化"具有承前启后和弘扬光大的作用。

(一)"2002年"与学校破土而出

21世纪初,上海基础教育紧紧围绕实现教育现代化的战略目标,积极深化教育改革,全面实施素质教育,扩大优质教育资源,加快教育基础设施建设,努力满足上海、区域百姓对各级各类教育的需求。在此大背景下,上外静小于2002年9月创建,填补了静安区以外语为特色的小学的布局空白,进一步探索教育公平,拓展优质教育,丰富多样化个性化办学。由此,上外静小站上了服务区域社会、满足百姓期望、发展优质教育的历史舞台。

(二)"服务海外归国子女"与学校高起点发展

因为外语办学特色,创建第二年,学校即被上海市人事局命名为"上海市海外归国人员子女就读定点学校",从此开启了重点服务社会高端人士、以外向型为主的全面实施素质教育的办学道路。学校根据海归人员的文化背景和经济条件,以及他们对子女教育的需求特点,集层次性、针对性、丰富性、多元性、品质性及国际性于一体,高标准谋划、高起点发展、高站位办学,迎来了发展的"窗口期"。

(三)"办一所充满'幸福感'的学校"与家校社共育协同

从办学初创起,学校一直在积极探求学生培养目标的内涵价值与实现途径,从办学目标的宗旨性、方向性、愿景性予以准确界定。在经过整十年的实践后,于2013年正式提出了"办一所充满'幸福感'的学校"的办学目标,并且有了学校特定的幸福诠释:学校是允许孩子犯错的地方;学校是孩子寻找伙伴的地方;学校是帮助孩子成为最好的自己的地方。

学校的办学目标得到了家长的广泛认同和社会的赞赏。在办学目标引领下,学校搭建家、校、社三级共育网络,完善家长学校主题与形式,开展面向家长的微课堂教育,倡导家庭教育新理念,提升家庭教育品质,营造家校的生态圈;学校与所属社区、街道良性互动,积极开发校外教育资源,在科技、文化、运动、艺术等方面拓展教育空间,开展校内外教育联动,形成"大教育"格局。

二、"幸·福文化"的建构缘由

"幸·福文化"的呼之欲出,是时代对优质教育的呼唤、对学校内涵发展的催促、对学校提升办学品位的提携。将特色上升为文化,用文化加深特色,更好地转化育人成果,学校发展进入新的境界。

(一)"直面教育核心":时代发展对人全面发展的客观需求

教育核心的内涵是教育本质,即教育要培养什么人、如何实现培养目标。学校教育核心应遵从教育方针,五育并举,体现时代进步和社会发展的要求,为学生全面发展烙下"时代基因"、培植"生长种子"。

学生全面发展,是每一个学生德智体美劳的个体全面发展,也是全体学生共同进步的群体全面发展,更是所有学生满足时代和社会需求的角色全面发展。为社会所需所用而为学生全面发展落实培养措施,为每一位学生能够适应社会生存所需所用并根据其自身条件进行的个性化发展的落实培养内容。面向全体学生,为了学生的全面发展和个性化发展,是时代赋予学校的光荣任务,是"幸·福文化"构建的重要缘由。

(二)"围绕根本任务":立德树人教育使命担当的主观企求

立德树人,是我国社会主义学校的办学方向和根本任务,学校一切工作都应围绕这个根本任务展开。

立德树人,就是让教育的大爱洒满校园,让师德的荣耀照亮校园,让教师的形象矗立校园,藉以担负起立德树人的教育使命。上外静小各项工作的实施,无不彰显立德树人根本任务的办学宗旨,无不体现立德树人根本任务的核心指向。学校所打造的办学特色、追求的办学层次、期待的教育教学效果,都是学校教育使命的初心执念、教育情怀的孜孜不倦、教育理想的不懈追寻。"幸·福文化"的创建,正是为实现立德树人根本任务进一步落到实处而予以的文化支撑。

(三)"追求高尚境界":提升办学品质优质教育的宏观追求

上进无终点,追求无尽头。上外静小创建以来的发展,办学方向明确,目标清晰,措施有力,进取有方,潜心耕耘优质教育,努力培养具有幸福感和健全人格、健康成长的学生,在诸多领域取得了骄人的成绩,确立了学校在区域的基础教育改革发展的领先地位。这是学校胸有志向、心有情怀、矢志不渝、争先敢为所使然。

时代发出催征令,教育更待从头越。静安提出"精品教育"和个性化教育,追求的是一种品质。上外静小的办学者,向来有着乘风破浪的豪气、创新开拓的快意、追求高尚境界的品质、标新立异的才气。"幸·福文化"的到来,为学校进一步提升办学品质和优质教育如虎添翼。

三、"幸·福文化"的逻辑起点

"幸·福文化"的构建有着多角度、多维度、多层面的基本思路。

(一)"幸·福文化"的起点:基于师生的全面多元成长

"幸·福文化"构建的本原,一定是基于以人为本的原则,使师生在学校的发展中得到应有的成长发展,体现自身价值的荣耀。

"幸·福文化",贵在"幸"字,以"幸"聚人,以"幸"入心,以"幸"生愿,以"幸"统领,在"幸"的旗帜下,荣幸共长。重在"福"字,用"福"格局,用"福"导引,以"福"创生,在"福"的乐园中,创福营生。"幸·福文化"是学校师生成长发展的"进阶版",有助于营造师生全面多元成长氛围,有助于强化和落实学校幸福生态的管理理念及措施,形成全面育人、全员育人的良好氛围,集聚教师合理有序科学发展的幸福体验。

(二)"幸·福文化"的起源:基于地域的社会发展成势

社会发展,需要教育打基;区域和谐,要求教育先行;百姓满意,期望教育提质。上外静小的创办,很大程度上满足了区域百姓对优质教育的期盼,区域经济社会发展对优质教育的呼唤。学校主动融入区域发展,大力开展家校社合育,集聚优质教育能量,提升办学效应。

与上海城市发展定位相称,中心城区的百姓对教育有着更高的期待,社会对学校的办学水平有着更高的标准,上外静小将迈出更大的步伐、创造更佳的业绩回馈社会和百姓。现实呼唤文化，文化助推发展，"幸·福文化"的出现，将为学校更加自觉地满足社会需求提供价值保障。

(三)"幸·福文化"的起飞：基于办学的整体提升成就

学校办学实力的巩固充实，需要用文化的内力加以夯实；学校办学水平的整合创新，需要用文化的形态予以再现；学校教育质量的提升优化，需要用文化的功力给予保障；学校师生的愿景认同，需要用文化的价值予以统一。

"幸·福文化"的"幸·福"基色，既是学校办学发展追求的目标，也是学校文化内涵的价值所在，更是育人目标的明确指向和殷切希望。"幸·福文化"在学校发展转型的关键点位，主动介入，积极参与，为发展出谋划策，为办学画龙点睛，为特色装扮亮彩，为育人保驾护航。

四、"幸·福文化"的融合元素

"幸·福文化"充分体现所处环境的特征、所具功能的反映、所担任务的价值，并给予充分的明晰关系，认清自身的责任，更好地承担起构建学校文化应有的重任。

(一)"幸·福文化"与中华优秀传统文化的传承

中华优秀传统文化是与幸福观紧密相联的。先辈们在改造自然创造社会的艰苦斗争中，提出并实践了丰富的幸福观。如：不沉湎于物质享受、追求精神快乐；讲究心灵的顿悟与超越；把自身幸福与他人幸福、社会福祉结合起来；以坚守志向为快乐、以责任担当为幸福，等等。如三生有幸、终生幸福、有福共享、福泰安康、福慧双修、福由心造、德茂福盛、幸福满溢等。

"幸·福文化"源自中华优秀传统文化的精华，在传承的基础上，融入了时代元素，发展了新的含义，把幸福追求与人生奋斗目标、与奉献社会实现人生价值结合起来，更加注重人文关怀，富有时代气息。

(二)"幸·福文化"与人类优秀经典文化的汲取

马克思主义的幸福观认为：幸福是主观性与客观性的统一，是物质生活与精神生活的统一,是劳动与享受的统一,是个人幸福与社会幸福的统一。而在国外先进文明与优秀经典文化中,对"幸"和"福"不乏有着基于西方传统文化性格的解读,合起来理解,就有对幸福理念的高度崇尚、对幸福生活的大胆追求、运用幸福手段的不断创新、注重个人幸福的表达与实现等。

2012年6月28日,第66届联合国大会在纽约联合国总部召开会议并一致通过决议,决定将3月20日定为"国际幸福日"。决议说,追求幸福是人的一项基本目标,幸福和福祉是全世界人类生活中的普遍目标和期望,具有现实意义,在公共政策目标中对此予以承认具有重要意义。决议指出,需要采取更包容、公平和平衡的经济增长方式,以促进可持续发展,消除贫穷,增进全体人民的幸福和福祉。

"国际幸福日"的确立是人类文明的一大进步,因为她明晰了"幸福"是"人类共有的精神家园"。数万年的人类进化史、数千年的人类文明史形成了不同的民族、宗教与信仰,无论是东方的"平安和谐幸福",还是西方的"自由民主博爱"都是并行的幸福路,目标都是为了"共同幸福"。人类文明将在"共同幸福"这个人类认同的价值观里融合,社会矛盾将在"共同幸福"这个人类倡导的价值观里化解。

人类优秀经典文化是全人类共同的宝贵精神财富,应当为我们所学习与借鉴。"幸·福文化"与国际期待是相吻合的。

(三)"幸·福文化"与五育并举有机联系的融合

坚持五育并举,是立德树人的根本要求,是素质育人的根本途径。五育,是学生培养目标的原则,是衡量学生全面发展的标志。"幸·福文化"为强化育人效果而打造,为优化学生全面多元个性成长发展而创设。有"幸·福文化"加持培养体系,服务育人过程,并在学科育人等全面育人上发挥文化特有的功效,五育并举协同会得到更加有效的落地落实。

(四)"幸·福文化"与全面发展核心素养的贯通

核心素养组成内容是"五育并举"的具体化。核心素养是宏观的规定、原则的界定、总体的确定,具体实施还应当根据学校实际,进一步细化,把核心素养的内涵要素和精神实质融入学校的办学思想和育人目标中。

"幸·福文化"是上外静小结合时代特征、融化"五育"内蕴、围绕育人根本、提升办学特色的办学灵魂,是全面发展核心素养的校本化贯彻与实践的办学策略和育人工程,"幸·福文化"的达成目标、内涵要义与全面发展的核心素养的精神实质是相吻合的。

五、"幸·福文化"的内蕴标义

"幸·福文化"有着学校文化所具有的深刻蕴义、丰富内涵。"幸·福文化"作为学校文化的唯一,有着特定的认从、特殊的解释,是建设"幸·福文化"在高位上认识的本质要求。

(一)办学理念

学校的办学理念是"看世界,做自己",为学生的充分发展与幸福成长奠基。

"看世界,做自己"即学校教育要正确引导学生通过学习认识客观世界,丰富内心世界,从而认识自我、定位自我、发展自我、做更好的自己。着力培养抱有家国情怀、具备国际视野、面向未来的现代小学生。

1. 看世界

看世界,即通过课堂学习了解世界、看见世界。世界,具有广泛的含义,即客观世界、主观世界,自然世界、内心世界,情感世界、生活世界。对于小学生来说,世界由两大方面组成,一是主观世界,属于主观认知的世界;二是客观世界,相对于主观世界而客观存在的世界。

看世界,主观世界和客观世界都需看,看清主观世界,才能以准确的方式打开客观世界的瞭望窗口;有了观察客观世界内容的丰富性、多样性,才能更有效地开启了解内心世界的窗户。

看世界,关键在于在纷繁复杂、斑驳陆离的各种世界现象中,如何掌握正确地看、辩证地看、发展性地看的方法,如何在看中思索、分析、整理、归纳、提升,看见主流,看到支流,摒弃糟粕。

看世界,目的是丰富内心世界,与世界潮流同频,与世界主流同步,做胸怀天下的时代公民。

2. 做自己

做自己,做好自己,做成自己。做,是制造产品、创造思想;做,是按照既定的意愿、朝着确定的方向,以行动的坚决、意志的坚定,磨练自己、打样自己、塑造自己、成型自己,把自己锻炼成符合预期的人才。

做自己,在做字上包括认识自己、整理自己、发现自己、做强自己、发展自己、定位自己,对自身有了解、有预判、有想法、有愿望,正确估价才能准确出手,做有方向、行有目标,把做自己做实、做准。

做自己,应量力而行,量体裁衣,既不要盲目高攀,也不要无端低就。要做成像自己,符合内心想法,可以持续做下去。

做自己,力求全面发展,注重尊重个性张扬,扬长避短,做到长处显优,短处弥补,在长处和优势上弯道超车。

(二)办学目标

"办一所充满'幸福感'的学校"始终是学校的办学灵魂和价值追求。学校在持续创新中发展,致力于让每一个孩子获得充分的发展,让每一个孩子拥有幸福的童年。何为一所有"幸福感"的学校?三句话:学校是允许孩子犯错的地方;学校是孩子寻找伙伴的地方;学校是帮助孩子成为最好的自己的地方。

1. 学生成长感

让学生感到,在校园生活,有一种不可遏制的成长力量;在课堂学习,有一种尽情吮吸的成长能量;在集体活动,有一种快乐向上的成长动量。

成长,是学生阶段的代名词。成长,有身体的、心智的、人格的、学业的、习惯的等方面,构成成长要素。为学生成长提供一切可能。

2. 教师成就感

在培育学生中,展现育人本领,获有育人成就感;在教学实践中,展示过硬业务能力,拥有专业发展感;在教育事业中,展露大爱教育情怀,怀有职业幸福感。

成就感,来自教师的方向感、责任感、事业心、奉献情,来自耕耘的收获,源自目标的认定,出自一生的交付。

成就感,是动力源、启动阀、加速器,是教师尊严的体现、身份的彰显。

3. 学校成功感

在学校发展中,以突出的办学特色昭示优质,赢得四方敬仰;在育人工程中,用出色的培育效果显示优异,示范同行效仿;在深化教改中,以超卓的办学成效展示优越,领航区域发展。

成功,是办学的追求,是教育的追梦。成功,是理念的胜利,是目标的告捷。成功,是创新的凯旋,是信心的乐成。

成功感,是办学者幸福感的赐予,是教师幸福感的惠予,是学生幸福感的赏予。

成功感,学校发展道路上的发动机、助推器、信心剂,使学校不断攀登发展新高峰、登上优质新台阶。

(三)育人目标

学校的育人目标是,引导学生做"快乐的学习者,好奇的旅行家,善思的创新匠,用心的公益人"。"快乐的学习者",即对学习充满兴趣且有方法;"好奇的旅行家",即对外部世界好奇且能探索;"善思的创新匠",即拥有全面灵性的辨别方法和判断能力;"用心的公益人",即内心向善向上且有善举。

1. 快乐

快乐,孩子天性,童年专利,学生专属。在快乐中成长,快乐中萌芽,快乐中获启,快乐中感悟。

快乐,给予思想快乐,让正常的思绪放飞;给予性格快乐,让独特的个性张扬;给予成长快乐,让长大的宏愿生效。

基于快乐的育人,人格健康,阳光正气。

2. 好奇

好奇,孩子特点,童年特性,学生天性。好奇萌生探索,好奇引发思索,好奇变成兴趣。好奇是了解未知世界的推手。

好奇心驱使,让学生进入未知世界领域;好奇心牵引,让学生体验认知获得快感;好奇心领路,让学生认识健康成长攻略。

好奇,学生珍贵的心理品质。由好奇始端,引学问之局。

3. 善思

善思,学生好学的品质,求知的良师,上进的帮手。善于思考,勤于思索,应当是学生必备的心理素质和学习方式。

善思,是对前提的故意质疑,对结论的有意设问;善思,是对未知领域的善意造访,对刨根究底的公开拜访;善思,是对自己学习态度的严肃检点,对学习效果的无情追问。

善思,珍贵难得的优秀品质,成长成才的度量标准。

4. 有心

有心,孩子的有为,学生的意识。有心,做有心人,做有心的学生。有心,有思想,动脑子;有主见,有思考。有心,是事前的准备,事中的思索,事后的反省。

有心,对学习上的问题留个"心眼",举一反三;有心,对相处关系上设个"心思",捉摸改进;对成长过程埋个"心机",检点提高。

有心,对有上进心学生的眷顾,对心思缜密学生的惠顾。

(四)学校精神

学校精神,是全体师生共同具有的内心信念、思想境界和理想追求,是学校核心价值观的体现。打造、提炼学校精神,是"幸·福文化"的重要任务,更是"幸·福文化"内涵的重要呈现。

学校精神以"志趣"彰显学校教育追求,志向高远,情趣高洁,在共同目标下,为之努力奋斗。学校精神以"动静"体现学校办学定力,动中显静,静中驱动,思心进取,发展有范。

学校精神以"幸·福文化"统领,归纳学校办学以来的文化积淀,是师生成长的精神支柱。

1. 志趣协同

志趣,志向和情趣,心意所向。

走到一起,在上外静小相会,是你我彼此志同道合;事业携手,在工作学习上相互激励,是师生彼此众志成城;奔赴幸福,在成长发展中加油鼓励,是大家彼此雄心壮志。

趋向共同,驱使师生为上外静小添柴加薪,情投意合;情趣高尚,凸显师生鸿鹄之志格调高雅,趣味横生;兴味浓厚,引导师生注重点滴扮靓幸福,幽情雅趣。

志与趣结合,是方向与内容的携手,是成色与味道的组合。志趣协同,上外静小的精神内核。

2. 动静自如

动,行动的果敢,行为的韵律,行走的风采,行事的精彩。静,行动的镇定,处事的淡定,决心的落定,方向的立定。

该动当动,动如脱兔;该静则静,静如处子。动静结合,成长有度;动静自如,发展有方。

让富于动感的学校进驻师生心田;让具有律动的教育沁入师生心坎;让带有灵动的办学造福师生成长。

让静思的意念伴随师生慎重前行;让静笃的从容目睹师生笑对荣辱;让静宁的自在见证师生拥抱幸福。

(五)学校形象

学校形象,是引起校内外人们注目、思考、想象的具体形态或姿态,多以校园风貌、形象设计、宣传资料等进行展示,师生员工集体精神面貌及个人学术品德修养也是人们了解学校的一个窗口。

学校形象以刚柔的进取及其内敛的办学风格展示于世,以色彩斑斓、活泼流动的教育风尚近闻远播。

1. 刚柔相济

刚柔,学校办学之道,教育之策,育人之功。刚,对优质发展的坚决,优质教育的坚持,优质培育的坚定。刚,是理念的刚直,目标的刚强,创新的刚劲。

柔,是教育情怀的流露,是育人情愫的萦绕,是办学情思的抚慰。柔,是进的轻盈,是行的稳重,是创的优美。

用刚彰显学校前进步伐的坚定,以柔展示办学用情尚真的心迹。

刚柔相济,发展不累;刚柔相济,育人显著;刚柔相济,学校面庞。

刚柔之道,一张一弛;刚柔之道,办学之要。

2. 云彩活水

云彩,有云一样的色彩,富于变幻。云彩,学校像云一样漂亮,理念像云一样流畅,教育像云一样活泼,教师像云一样洁白,学生像云一样纯洁。

学校犹如云彩般的胸怀,俯瞰着虔诚的师生和社会各界;教师犹如云彩般的慈爱,为教书育人播云洒雨;学生犹如云彩般的笑脸,沐浴在倍感温馨的春光里。

活水,让水流动起来。教育要像活水那样,永葆新鲜,清澈透明,源源不断流入师生心里。

让思想流动起来,激荡出闪亮的火花;让理想生动起来,绽放出绚丽的光芒;让激情跳动起来,迸发出优美的舞姿。

以刚柔相济传达学校问候,用云彩活水致意学校深情。

（六）形象口号

形象口号,是学校办学理念集中简练的展示,具有鼓动性、号召性的特点和形象昭示的作用。

上外静小的形象口号是"幸·福文化"的形象表达,生动体现了学校的精神追求、教育目标和办学目的。

幸我成长,福我报答。

1. 今天幸我

今天,我进入上外静小学习,学校用幸福理念开导我,让我明理达义;用全面发展来培育我,让我学有所成;用个性化发展来指点我,让我拥有核心能力。我在学校健康快乐成长。

2. 明天福师

师,传授知识、技术的人,成为榜样,意为造福社会、服务人民,具有胸怀天下的意思。

明天,我牢记上外静小的嘱咐,怀揣学校给我的赐予,为社会为人民奉献力量、贡献智慧,获得事业发展、人生幸福,没有辜负学校的期望,像学校一样,成为有胸怀的人,兼济天下的人。

今天幸我,教育情怀,办学目标;明天福师,教育目标,办学情怀。

（七）校训

校训,是"幸·福文化"价值的重要呈现,是全校师生共同遵守的价值信条和基本行为准则。校训为"幸·福文化"的传播提供精神动力,为"幸·福文化"信念镌刻在师生心中并被带向远方,为向社会昭示学校办学理念及其文化价值,承担当仁不让的职责。

知为要,发展基础,成事条件;信为贵,立人基础,为人准则;达为径,成功要诀,成长通途。

1. 知

知,学问、知识。知,明了,做明白人。知,知情,通情达理。知,知性,善解人意。

崇尚真理,为知者信条,弥漫校园;学富知识,为知者必需,师生不倦;以知化智,为知者重要,人人趋行。

2.信

信,信念,信仰,诚实,信誉。诚信和信誉,为人本分,教育本真,办学本意。信念和信仰,做人灵魂,教育魂魄,办学魂守。

在教学中嵌入信仰,在育人中植入信念,在处事中融入诚信,在为人中参入信赖。

3.达

达,通,到,认识透彻,实现,表达。达,程度达到,认识达标,成事练达,成长达意。

践行信念,达理;学习事理,达知;与人交往,豁达;处事态度,达观。

为达而学习,到达而研习,直达而欣慰。

（八）校风

校风,是学校的风气和所秉持的风尚,是全体师生所恪守的行为操守和展露的精神面貌。校风因"和"而温馨,因"勤"而奋进,因"志"而高远。上外静小的校风,带着"幸·福文化"的基因,吹拂着校园,与师生絮语,为幸福送达。

风过之处,校园生机盎然;风吻遍处,师生神清气爽。

概括词：和煦如风　勤奋如蜂　意志如鹰

1.和煦如风

幸福教育思想像温暖的春风,吹拂校园,感染师生;以人为本理念如和畅的阳光,洒向校园,温馨师生;大爱教育情怀像温煦的霞光,辉映校园。

2.勤奋如蜂

学生学习和成长像蜜蜂一样,勤奋不辍,期待上进;教师教书和发展像蜜蜂一样,勤奋耕耘,期待收获;学校办学和育人像蜜蜂一样,勤奋不已,期待丰收。

3.意志如鹰

学校创优意志如同雄鹰展翅,志在高空,俯视群雄;学生成长意志犹如雄鹰一般,目光炯炯,洞察全豹;教师发展意志有如雄鹰凌空,以高为进,志在千里。

（九）学风

学风，是学校师生在治学精神、治学态度和治学方法等方面的风格，是师生知、情、意、行在学习问题上的综合表现。学风是"幸·福文化"的重要构成，是学校风气的主要表现，是办学质量的重要体现。学风不仅包括学生方面，而且还包括教师方面，包含学校整体的学习风尚。

上外静小的学风是办学理念和"幸·福文化"浸染下的学习风气、学习风尚，有着"学"的成长品格和"钻"的上进特性，为师生养成优良学风提供有力保障。

学汇为惯性，钻安成习性。

1. 学足以汇

汇，用来聚集能量，汇成力量。

投入足够热情，如饥似渴地学习各种知识，以汇聚成长所需能量；保持最好状态，心无旁骛地研习各类知识，以汇集成长所需营养；用上全部精力，全神贯注地潜心学习环境，以汇合成长所需定力。

2. 钻能成安

安，安定，安全，感到满足；安，兼具学校代名词意味；成，成为，实现。

课程学习肯钻研，不辞穷究，能使学业发展感到安定；拓展学习有钻劲，兴趣广泛，能获综合发展感到满足；放眼一切有钻味，钻进才出，能有人生幸福新天地。

（十）教风

教风，是学校在教学精神、教学态度和教学方法等方面形成的长期的、稳定的教育教学风气，是教师团队在道德、才学、作风、素养、治教等方面的集中反映。

教风对学校文化的成色起着重大作用，好的教风是学校的一抹亮色。注重教风建设，铸造教师队伍，以良好的教师风貌带动学校发展，影响学生成长。

上外静小的教风是"幸·福文化"价值主导的教师风尚、教学风气，内蕴"幸·福文化"信念，外含"幸·福文化"亲切淳厚，是思想的活化、爱心的凝聚、修养的表露、业务的精进。

心诚显诗意，教蕴呈精致。

1. 心教至诚

用宽厚的心胸，坦露教师诚挚的教育情怀；用美好的心愿，表达教师深情的爱生祝福；用深藏的心魂，塑造教师崇高的师德师品。

2. 诗教达术

以诗意的教育，通达精钻的教学效果；以诗韵的教学，畅达深奥的课程机理；以诗风的教场，旷达闲定的人文气场。

六、"幸·福文化"的具体落位

准确界定各相应具体文化的科学含义、内涵特点，是理解"幸·福文化"的重要方面，也是搭建相应具体文化框架、给予实施功能意义的必要步骤。

（一）办学文化

办学文化，是学校在办学中形成并确立的价值观念、共同愿景、精神风貌，是学校居于顶端的上位文化，是学校办学思想、教育理念在学校文化上的反映。

"幸·福文化"源于办学探索与实践，成于对办学经验与成果积累的总结与提炼。

幸福动起来，感觉满出来。

看到幸福在舞动，让教育裹挟幸福意念造福师生；感到幸福在招手，让办学携带幸福理念施惠师生；听见幸福在说话，让真诚佩戴幸福标记絮语师生。

（二）课堂文化

课堂文化，是学校提供给学生在学校期间得以获取知识、能力、人格以及学习经历等一切活动的时空场所，是教师在教学中、学生在学习中所呈现出来的价值认同与价值追求。课堂文化是学校办学特色和个性发展的集中体现。

"幸·福文化"给予课堂文化以智和能的获取与转换的能量，给予幸和福的内涵深化和价值赋能的增量。

以幸为价值聚合，福为效果变现，担起知识和能力转化的角色。

生态聚课堂，启智行大道。

1. 生态汇集

生态,是指有利于学生学习、掌握、消化、转能的一切教育教学方法、手段及其环境;汇集,这些方法与手段在课堂中云集、运用、升华、入化,环境可再生、循环、优化、创生。

让幸和福的文化理念渗入课堂生态,以生态的良性形态滋养学生学习,支持思维发展,明晰人文道理,通晓科学原理。

2. 启智拨思

课堂的功能,在于帮助学生提升通过学习启发思维的能力;课堂的作用,在于帮助学生提升使用知识启迪智慧的能力;课堂的意义,在于帮助学生提升运用知识丰富生活、指导成长的能力;课堂的目的,是提携学生提升从课堂走向生活、走向社会、走向人生、走进幸福的能力。

（三）学生文化

学生文化,是学生在学校学习、活动参与、与人相处过程中所形成的价值观念和行为方式。学生文化是"幸·福文化"中指向集中的体现学生主体地位的重要组成。

"幸·福文化"的"幸",体现学生健康融洽关系;"福",体现学生互动和帮助的相处体验关系。幸和福,学生文化的价值走向。

进为静所崇,善为安所念。

1. 上进灵动

用好学进取的精神,鼓励学生人人争相进步、个个力争上游;用机灵活泼的表现,提倡学生大胆展现个性、充分显现活力;用上进的努力,获取成长的幸福;用机灵的头脑,搭建成长的阶梯。

2. 善通乐合

善良通达是学生具有的品性;善意通融是学生应有的修养;乐于合作是学生当有的态度;乐成合好是学生能有的气度。善通是学生处世的态度,乐合是学生交往的门槛。

（四）教师文化

教师文化,是教师在长期的教育教学过程中形成的价值观念与行为方式,它是教师之间互相关系、教育教学理念、"幸·福文化"认同、学校发展定位等的集合体。教师文化对学校办学理念贯彻、发展愿景实现、育人任务完成具有举足轻重的影响。

"幸·福文化"为教师专业发展和职业幸福提供了强有力的价值共享和愿景保障。

1. 精华至幸

在追求幸福中,寄托自己最美好的情感,献给教育事业;在追逐幸福中,奉献自己最精致的盛情,呈给学校发展;在追寻幸福中,展示自己最优秀的才情,捧给可爱学生。

2. 才华达福

在锻炼才能中,练达幸福的本领,增强育人效果;在展露才气中,通达幸福的境地,突出教学成效;在陶冶才艺中,顺达幸福的意境,成全师望修养。

(五)环境文化

环境文化,是"幸·福文化"的外显形态。环境文化给人以直接的视觉感受,是人们感知"幸·福文化"的第一道"风景",在营造文化氛围、熏陶师生情感中起着重要作用。

幸为环境悦目,福引情致赏怀。

1. 以幸为框

上外静小校园,触目所至,幸福流淌,触摸所及,幸福留痕。幸福镶嵌在环境中,师生徜徉在幸福环境中。

方圆之中,透露出学校蓬勃向上的朝气;草木之端,衬映出旺盛绽放的师生笑脸;楼亭之间,好学勤奋的师生穿梭其间,流连忘返;小路之上,轻盈的步伐载着悠扬的歌声飘向远方。

2. 让福满园

幸福气息,充满美丽校园;幸福味道,沾满校园角落;幸福意境,填满校园时空。

幸福气势扮靓满满校园,幸福感人,赏心悦目;幸福情怀弥漫静静校园,幸福动人,情绪洋溢;幸福榜样挂屏校园,幸福可追,至情砺人。

(六)家校文化

家校文化,是学校与学生家长在共同培育学生过程中形成的育人价值观及其育人方式方法,达成认识上的相同、操作中的理解、过程中的配合,是"幸·福文化"向家校合育领域的延伸。

　　家校合作是家校文化的重要载体。家校合作是寻求家庭教育和学校教育之教育效应的优势互补,通过有机合理的整合,为受教育者提供一个更系统、更有效、更具信息量和针对性的教育环境。家校合作有利于家庭教育功能的增强,有利于现代学校制度的建立,有利于相关参与者的共同成长,有利于社会和谐和生活幸福。

　　幸有共育,福惠家校。

第四节 从家校共治中协力幸福

　　随着基础教育变革的深入,教育治理体系的现代化建构越来越成为教育研究与实践关注的焦点问题。2019 年 2 月,中共中央、国务院印发的《中国教育现代化 2035》明确指出,要推进教育治理体系和治理能力现代化,提高学校自主管理能力,完善学校治理结构,推动社会参与教育治理常态化[①]。家庭是社会的细胞,也是教育事业发展的重要支持力量,如何跳出传统的家校合作思维定式,从推进学校教育治理体系现代化的角度重新审视家校合作共治的新理念和新路径,不仅关系到学校整体的内涵发展和品质提升,关系到学生成长的完整的育人体系建构,也在很大程度上决定了基础教育办学体制改革的有效性水平。同样,从学生人生幸福的角度看,如果没有家庭和学校协同育人的实现,学生的幸福将得不到完整、系统的保障。

一、家校共治的价值阐释

　　家庭和学校是学生最主要的两个生活世界,也是完整的教育生态圈的最核心组成部分,在当今的教育理论和实践研究领域,对于家校合作重要性的认识已经不存在疑义,但是要在实践之中使得家校合作在更深层次的价值维度上落到实处、产生实效,还需要更为细致的思考和探索。

　　（一）家校合作是推进教育治理现代化的题中之义

　　从理论上说,家校合作符合教育治理的核心要义和价值追求,是推进教育治理体系特别是学校治理体系现代化的题中之义。一方面,从内涵要求上看,教育治理是对传统教育管理方式的超越,"管理"和"治理"虽只有一字之差,但是却有着实质性的差异:相对于"管理"的居高临下和单打独斗,"治理"更强调教育主

---

①　中华人民共和国教育部.中共中央、国务院印发《中国教育现代化 2035》[EB/OL].2021 - 02 - 23. http://www.moe.gov.cn/jyb_xwfb/s6052/moe_838/201902/t20190223_370857.html.

体的多元性,强调教育治理过程的互动性和民主性①。在现代教育治理的视域中,家庭或者家长是理所当然的治理主体,家长对学校治理的深度参与是教育治理民主性、互动性、多元性的内在要求,因此,推动家校合作符合现代教育治理的内涵和要求,从教育治理的角度建构学校和家庭的新型关系是建设现代学校制度的重要指向,也是推进学校治理能力现代化的重要指向。另一方面,从价值指向上看,教育治理的价值目标在于形成"高效、有序、公平、自由"的教育新格局,要实现这样的价值目标关键在于建构科学的教育治理体系,其核心问题是教育治理参与权、决策权的结构性调整,这既包括政府权力的调整,也包括学校内部的分权共治。这也就意味着对于学校而言,要顺应现代教育治理的价值指向,在完善学校内部治理体系过程中,除了加强学校自治之外,还要学会"二次分权",把学校的权力进一步让渡给教师、学生、家长和其他相关社会机构,通过建立健全家长参与学校治理的制度、体系、机制等,夯实学校教育质量价值体系达成的基础。基于上述分析可以认为,有效的家校合作既符合教育治理民主化的要求,也契合教育治理对于价值目标的追求,推动学校教育治理现代化必然需要家校合作的支撑,同样,建构有效的家校合作机制必须要以现代教育治理理念为引领。

(二)家校合作是全球性教育治理变革的普遍趋势

从实践上说,通过有效的家校合作机制,促进家长有效参与学校治理,是当前世界教育改革的重要领域,也是一种全球性的普遍趋势。在这一领域中,西方国家依靠教育立法和制度建设确保家庭参与学校治理权利的经验值得借鉴。早在1994年,美国就出台了《改进美国学校法》,其中明确规定要赋予家长话语权和知情权,明确家长应该分担的教育责任,保障家长具备参与学校治理的必要能力;英国的《1988年教育改革法》明确了学校董事会成员的结构,确立了家长在学校重大事项决策中的法定地位;日本颁布的《地方教育行政组织与职能法》规定,家长和社区以学校运营协议会的形式管理学校,其权利包括参与编写学校基本政策,提出学校管理方面的建议,发布学校关于校长、教师及其他职员的聘用

---

① 文婧.论学校治理价值向度的建构[J].教育学报,2018(1).

意见等①。除上述国家之外,法国、澳大利亚、芬兰等教育发达国家,也都出台了相应的法律制度,或者实施了针对性的教育改革,让家长参与学校治理的权利得到保障。由此可以认为,通过有效的家校合作来促进学校治理体系的现代化进而打造优质学校教育已经成为当下世界各国教育改革的共性选择,并且在实践之中呈现出较强的生命力。

(二)家校合作是学生幸福成长的重要保障

学生的幸福,是一种全过程、全方位的体验,这种幸福既需要学校教育的引领,也需要家庭教育的保障。从现有的家校合作研究与实践看,社会对于家校合作的价值认知,最为重要和基础的是这种教育模式对于学生健康成长的独特价值。家校合作能够沟通学生最重要的两个生活世界,实现学生教育在时空上的有效衔接,为学生成长构筑完善空间;家校合作能够增加教师和家长的理解和互动,促进教师和家长更好地自我反思和成长;家校合作能够为学校带来更多的教育资源,造就学校改革发展新的动力源。不仅如此,有效的家校合作,还能够为学生成长建构完善的空间与支持,为学生幸福生活提供价值一致的帮助,消除学生因为家庭和学校教育相悖滋生的各类问题。

二、家校共治的学校实践

学校倡导开放办学,"与家长共同分享办学的过程和成果",努力探索家校互动机制,拓展德育空间。通过设置家校互动职能部,进行组织架构和职能细分,开展家校互动项目活动,共同达成学校的育人目标。通过建立家委会各项制度,进一步激发家长参与到家校互动的各项工作和活动中,确保项目组的运转、实施和持续,有效推进家校合作办学,与学校形成互补互惠的教育成效,向着学校的育人目标共同努力,办出学校的特色(参见图5-1)。

学校在实践中形成了一系列有效机制。建立了校级、年级、班级三级家委会纵向层级职责制;家校互动项目管理机制,以项目组活动形成运转流程,保障各项目顺利开展;互动平台协作机制,即覆盖面达到100%的网络联系构架,便于

---

① 蒲蕊,李子彦.家长参与学校治理的困境及其解决路径[J].教育科学研究,2017(8).

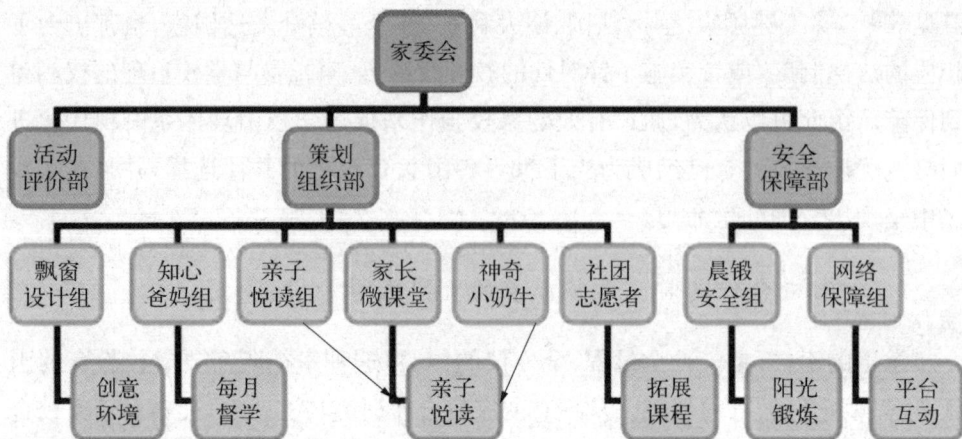

图 5-1：上外静小家校互动德育机制运行图

项目组及时沟通、运转和互助，提升项目活动的实效性；家校互动分享激励制等管理机制，参与者采用现场直播，即时点赞评价，提升活动的时效性，激发积极参与，营造互相激励的正能量。家校互动的高效源于五个"要"，流程要有序，环节要严密，呈现要精彩，组长要尽职，分享要有效。

家长约谈制——关注教育需求，实施个性化服务。"家长约谈制"是学校在家长会、家访、电话等家校沟通方式的基础上推出的一项个别化的家校联系方式。"约谈"有三约：约时间、约老师、约话题，即家长可以依据孩子的教育需求预约某位学科老师，约定谈话主题，在学校一个相对安静的空间里，与老师进行一对一的咨询沟通。"家长约谈制"，使家校之间的教育目标更明确，针对性更强，关注教育需求，体现专业精神，从而形成家校合力，提升教育效果。

知心爸妈项目——学校督学助理，完善提升办学。"知心爸妈项目"是为了让家长走进校园，观察校园规范、学习生活、安全设施等。每月一次，各年级家长报名参与。在知心爸妈日，挂牌家长进行"督学工作"，如进课堂听课，走进餐厅巡查，查看图书馆藏书量，与校方沟通……他们参与正常的教育教学管理，为学校出谋划策，成为学校发展的合作伙伴。

结　语
在一个幸福的学校
做一名幸福的校长

从教三十载,在上外静小做了近十年的校长,但是对于幸福的追求却没有因为时间的转移而有所减弱,反而,这种价值和求索在我的脑海中日渐清晰。

我的学生们经常跟我说,燕子校长是一个爱意满满的校长,因为他们能够感觉到,不论我的心情如何,只要我看到孩子们,我一定会在第一时间露出微笑,因为在我看来,微笑就是幸福最好的表达。

2020 年,因为新冠肺炎疫情的肆虐成为一个极为特殊的年份,成为一段令人难忘的岁月。这一年,比以往任何年份都更能宣告我们正式进入了一个易变(Volatility)、不确定(Uncertainty)、复杂(Complexity)和模糊(Ambiguity)共存的乌卡(VUCA)时代。这一年,学校不但要直面新冠肺炎疫情带来的种种挑战,还要遵循教育治理现代化的基本理念,在学校日常治理中不断探索积累教育改革创新的校本路径。这注定是一段漫长而又艰巨的旅程,不论是学校管理者,还是教师、学生,都需要不断突破认知局限,学会驾驭未知与变化,从种种不确定之中淬炼和提取出切实可行的学校变革行动方案,在这当中,校长作为学校改革发展的核心和关键,无疑扮演着更为重要的角色,承担着更为重要的价值。

校长作为学校改革发展的带头人,担负着引领学校和教师发展,促进学生全面发展与个性发展的重任。当前,我国社会经济高速发展,国民素质不断提高,社会对教育的需求尤其是对教育公平和优质教育的需求也越来越高。一个好校长就是一所好学校,校长的治学理念和办学行为受制于校长能否准确定位其领导角色,取决于校长专业化发展的程度和水平,因此,作为学校的领头雁和带头人,在教育内部治理、教育供给侧改革等社会背景下,准确定位其领导角色,把握校长领导角色职能是教育改革成败的关键。在现代教育体系中,一名成熟的校长在学校整体改革发展的过程中往往扮演着既多元又重要的角色,发挥着其他学校教育主体无法替代的价值与功能:校长是引领者,是学校精神长相的"设计师";校长是促进者,是学校健康发展的"项目经理";校长是协调者,是学校和谐发展的"催化剂"。早在1974年,美国心理学家、领导特质理论的创始人斯托格迪尔就提出了领袖品质的十个要素,即成就欲、坚韧性、洞察力、创新精神、自信心、责任感、合作精神、忍耐力、影响力和社会交往能力。斯托格迪尔是心理学家,是在研究各行各业领袖型人才的基础上得出的结论,他更强调的是人格因素,或者说是内在特质,而且认为这些因素是先天的。但是,由于教育的复杂性、专业性和创造性,优秀的校长身上不仅需要有其他领域优秀领导者的一些共性的品质和能力,更需要具有适应教育情境的专业品质和能力。校长要真正承担起新时代教育改革发展赋予的角色和使命,就是要不断历练自己的品性,不断塑造自己的风格,不断形成自己的办学治校特色。

如果能够选择,我愿意将打造一所充满"幸福感"的学校作为自己校长生涯的毕生追求。

我相信,在一所充满"幸福感"的学校里,学校的发展定位必然是清晰的,人才培养的设计必然是有特色的;在一所充满"幸福感"的学校里,师生的生活必然是洋溢着微笑的,他们的成长发展必然是积极主动、充满内生力量的;在一所充满"幸福感"的学校里,各种教育资源必然是能够被有效整合和利用的,所有的人力资源、物力资源,都会被作用到学生成长发展之中,整个学校必然是朝气蓬勃、欣欣向荣的。

这就是我理想中的幸福学校,而在这样一所学校中,我必然也会是一个幸福的校长。

作为一个幸福的校长,在未来的教育时光里,我将结合学校"十四五"发展规划的制定,团结和带领师生员工,进一步明确幸福教育的价值和内涵,进一步厘清打造幸福教育的特色路径,特别是围绕课程、教学、文化等核心领域,建构师生幸福生活的支持体系,形成在全市具有较高知名度的学校幸福教育实践样本。

从本质上说,幸福不是一种自我满足、自我陶醉的状态,更深层次的幸福必然体现在持续奋斗的实践之中,打造充满"幸福感"的学校,培养具有幸福力的师生,这是我的教育信条,我将为此不忘初心,孜孜以求。

参 考 文 献

1. 费尔巴哈.费尔巴哈哲学著作选集[M].北京：商务印书馆,1964.

2. 马克思,恩格斯.马克思恩格斯全集(第46卷)[M].北京：人民出版社,1980.

3. 科恩.自我论[M].佟景韩,等译.北京：生活·读书·新知三联书店,1986.

4. 周辅成.西方伦理学名著选辑[M].北京：商务印书馆,1987.

5. 雅斯贝尔斯.什么是教育[M].北京：三联书店,1991.

6. 艾尔·巴比.社会研究方法[M].北京：华夏出版社,2000.

7. 高兆明.幸福论[M].北京：中国青年出版社,2001.

8. 叔本华.得与失的智慧[M].武汉：长江文艺出版社,2001.

9. 卡尔·帕顿,大卫·沙维奇.政策分析和规划的初步方法[M].孙兰芝等译.北京：华夏出版社,2001.

10. 冯大鸣.沟通与分享：中西教育管理领衔学者世纪汇谈[M].上海：上海教育出版社,2002.

11. 怀特海.教育的目的[M].北京：生活·读书·新知三联书店,2002.

12. 吴志宏,陈韶峰,汤林春.教育政策与教育法规[M].上海：华东师范大学出版社,2002.

13. 佐藤学.静悄悄的革命[M].李季湄,译.长春：长春出版社,2003.

14. 陈桂生.普通教育学纲要[M].上海：华东师范大学出版社,2009.

15. 杨九俊.幸福的样子[M].南京：江苏凤凰教育出版社,2014.

16. 汉娜·阿伦特.启迪：本雅明文选[M].北京：生活·读书·新知三联书店,2014.

17. Diener E, Suh E. Measuring the Quality of Life: Economic, Social and Subjective Indicators [J]. Social Indicators Research, 1997(40).

18. Pollard，E.L.，P.D. Lee. Child Well-being：A Systematic Review of the Literature[J]. Social Indicators Research，2003(1).

19. 程向阳,华国栋.学生差异资源的教育教学价值初探[J].教育研究,2006(2).

20. 曹俊君.论教师幸福的追寻[J].教师教育研究,2006(5).

21. 佚名.关于好教师的标准[J].教书育人,2006(6).

22. 成尚荣.儿童立场:教育从这儿出发[J].人民教育,2007(23).

23. 赵中建,邵兴江.学校建筑研究的理论问题与实践挑战[J].全球教育展望,2008(3).

24. 鲁洁.教育的原点:育人[J].华东师范大学学报(教育科学版),2008(4).

25. 颜运珍.教师幸福感从专业发展开始[J].中国教育学刊,2008(4).

26. 傅敏,田慧生.教育叙事研究:本质、特征与方法[J].教育研究,2008(5).

27. 胡弼成.个体发展指向:大学课程体系的本质[J].黑龙江高教研究,2008(6).

28. 祁红军.论教师幸福及其实现[J].教育科学研究,2008(6).

29. 王兆璟.论有意义的教育研究[J].教育研究,2008(7).

30. 杨小微.当代教师要有坚定的学生立场[J].教育发展研究,2008(15).

31. 蒲德祥.管理思想发展的新阶段——从科学管理到幸福管理[J].华东经济管理,2009(9).

32. 孟建伟.教育与幸福——关于幸福教育的哲学思考[J].教育研究,2010(2).

33. 王晓莉.教师专业发展的内涵与历史发展[J].教育发展研究,2011(8).

34. 岳刚德.现代课程概念重建历史:从知识、经验到结构[J].全球教育展望,2011(2).

35. 但武刚.课程概念界定的五种视角评析[J].教育研究与实验,2011(4).

36. 田爱丽.校长教育思想基本特性及形成路径分析——以几位苏浙沪名校长办学思想为例[J].中国教育学刊,2012(2).

37. 武秀霞.幸福·分享·教育——幸福与教育的内在关联及其实践关涉[J].现代大学教育,2012(4).

38. 何茜.文化育人的载体:校园仪式建设[J].思想理论教育,2012(17).

39. 李润洲."具体人"及其教育意蕴[J].清华大学教育研究,2013(1).

40. 林刚.中小学校园环境的教育寓意性设计探究[J].教育研究,2013(3).

41. 周洪宇,鲍成中.第三次工业革命与人才培养模式变革[J].教育研究,2013

(10).

42. 孔企平,姚佩英.学生的主观幸福感具有重要教育价值——近年"Well-Being"理论研究述评[J].全球教育展望,2013(11).

43. 李太平,刘燕楠.教育研究的转向:从理论理性到实践理性[J].教育研究,2014(3).

44. 韩跃红.道德与幸福关系的历史与现实[J].思想战线,2014(3).

45. 田海平.如何看待道德与幸福的一致性[J].道德与文明,2014(3).

46. 赵蒙成.教育叙事研究的优势与规范[J].湖南师范大学教育科学学报,2014(6).

47. 张乐天.推进学校治理能力现代化:意义、重心与路径[J].复旦教育论坛,2014(6).

48. 张梅.对我国当前校园仪式教育功能缺失的思考[J].现代教育科学,2014(10).

49. 杨洁.能力本位:当代教师专业标准建设的基石[J].教育研究,2014(10):79-85.

50. 李家成.论学生发展在班级生活中的实现——基于中国学生与班级同学关系的视角[J].四川师范大学学报(社会科学版),2015(1).

51. 纪德奎,孙嘉.美国农村学校文化的发展历程及启示[J].湖南师范大学教育科学学报,2015(1).

52. 张传燧.治理、文化、质量:高等教育深化改革的三大主题[J].大学教育科学,2015(1).

53. 胡忠英.教师幸福感结构的实证研究[J].全球教育展望,2015(4).

54. 裴淼,李肖燕.国外教师幸福感研究进展[J].教师教育研究,2015(5).

55. 范雅静.根据学生的差异"因材施教"[J].中国教育学刊,2016(2).

56. 杨四耕.怎样提炼学校课程哲学[J].基础教育论坛,2016(5).

57. 褚宏启.核心素养的国际视野与中国立场——21世纪中国国民素质提升与教育目标转型[J].教育研究,2016(11).

58. 孙绵涛.内引发展式:学校改革发展的内在诉求[J].中国教育学刊,2016(12).

59. 陈玉华.学生立场:教育研究与实践的出发与回归[J].中国教育学刊,2017

(1).

60. 雷芳.学校文化建构的基本路径与内在机理[J].湖南师范大学教育科学学报,2017(1).

61. 姜勇,郑楚楚,戴乃恩.论"生命"境界的教育[J].中国教育学刊,2017(2).

62. 鞠玉翠.用叙事的方式爱教育智慧——教育哲学的一种研究方式[J].教育研究,2017(5).

63. 蒲蕊,李子彦.家长参与学校治理的困境及其解决路径[J].教育科学研究,2017(8).

64. 袁文娟.教育需要坚守"儿童立场"[J].中国教育学刊,2017(9).

65. 徐金海.中小学校长领导伦理审视[J].教育研究,2017(11).

66. 毛道生.幸福:学校教育的价值回归与实现路径[J].中国教育学刊,2017(12).

67. 杨开城.教育研究的庸乱根由与出路[J].现代远程教育研究,2018(1).

68. 文婕.论学校治理价值向度的建构[J].教育学报,2018(1).

69. 邱德明.论我国教育"以人为本"存在的合理性问题[J].当代教育科学,2018(2).

70. Dobozy E. and Cameron L. Special Issue on Learning Design Research: Mapping the Terrain[J]. Australasian Journal of Educational Technology, 2018(4).

71. 周佩玲,等.学生学习选择权与学校课程供给[J].教育科学,2018(4).

72. 石中英.回到教育的本体——顾明远先生对于教育本质和教育价值的论述[J].清华大学教育研究,2018(5).

73. 顾明远.再论教育本质和教育价值观[J].教育研究,2018(5).

74. 倪邦文.论我国学校德育课程体系的科学构建[J].中国青年社会科学,2018(6).

75. 张建云.新时代的内涵阐释[J].学术界,2018(9).

76. 吴维屏.德育课程厘定——以国外德育课程理论与实践为视角[J].外国中小学教育,2018(10).

77. 胡定荣.论学校课程治理变革的意义、性质与任务[J].教育学报,2019(2).

78. 胡庆芳.聚焦学生学习情感的师能提升行动[J].基础教育课程,2019(2).

79. 汪正贵.如何讲好学校管理故事[J].中小学管理,2019(6).

80. 李旭,王强.论学校特色要素及其判断标准[J].教育发展研究,2019(6).

81. 刘燕楠,李莉.教师幸福:当代教师发展的生命意蕴[J].教育研究与实验,2019(6).

82. 姚金菊.新中国70年关于教育本质的探索:回顾与展望[J].首都师范大学学报(社会科学版),2019(6).

83. 项红专,刘海洋.学校愿景管理:意涵、价值及模式建构[J].教育科学研究,2019(9).

84. 胡占君.准确把握人才培养的根本问题[J].中国高等教育,2019(11).

85. 罗祖兵,郭超华.新中国成立70年课堂教学评价标准的回顾与展望[J].中国教育学刊,2020(1).

86. 李政涛,文娟."五育融合"与新时代"教育新体系"的构建[J].中国电化教育,2020(3).

87. 陈静静.指向深度学习的高品质学习设计[J].教育发展研究,2020(4).

88. 张亚星,高倩倩,赵茜.PISA对学生幸福感的测试及其启示[J].中国考试,2020(5).

89. 宁本涛."五育融合"与中国基础教育生态重建[J].中国电化教育,2020(5).

90. 徐保周."幸福学校"的建设策略与实践探索[J].教学与管理,2020(9).

91. 李刚,吕立杰.PISA 2021教师职业幸福感测评:框架与特点[J].中国考试,2020(11).

92. 马随成.校长需要练就三种基本功[J].中国教育学刊,2020(12).

93. 曹斌.新时代学校治理面临的挑战与对策[J].教育理论与实践,2020(29).

94. 李建华.道德幸福 何种幸福[J].天津社会科学,2021(2).

95. 许胜利,黎立夏.学校仪式教育的类型、特征及功能[J].教学与管理,2021(3).

96. 陆启越.德育评价范式:内涵、类型及演变[J].教学与管理,2021(3).

97. OECD. PISA 2018 Assessment and Analytical Framework:Science,Reading,Mathematic,Financial Literacy and Collaborative Problem Solving[R]. Paris:OECD Publishing,2019.

98. 文儿.现在的孩子,跟我们那时候比,到底谁更幸福[EB/OL]. https://baijiahao.baidu.com/s? id=1598974346744183614&wfr=spider&for=pc.

99. 王耀武.准确理解和把握习近平奋斗幸福观[EB/OL].http://www.china.com.cn/opinion/theory/2018-05/30/content_51531418.htm.

100. 中华人民共和国教育部.中共中央、国务院印发《中国教育现代化 2035》[EB/OL].2021-02-23.http://www.moe.gov.cn/jyb_xwfb/s6052/moe_838/201902/t20190223_370857.html.

图书在版编目(CIP)数据

办一所充满"幸福感"的学校：不凡"小叙事"演绎的治校"大格局" / 周云燕著.—上海：文汇出版社,2022.3

ISBN 978 - 7 - 5496 - 3733 - 1

Ⅰ.①办…　Ⅱ.①周…　Ⅲ.①小学-校园文化-建设-研究　Ⅳ.①G627

中国版本图书馆 CIP 数据核字(2022)第 033690 号

办一所充满"幸福感"的学校
——不凡"小叙事"演绎的治校"大格局"

作　者／周云燕
策划编辑／张　涛
责任编辑／汪　黎
装帧设计／王　翔　薛　冰
出 版 人／周伯军
出版发行／**文匯**出版社
　　　　　上海市威海路 755 号　(邮政编码：200041)
经　销／全国新华书店
排　版／南京展望文化发展有限公司
印刷装订／上海颛辉印刷厂有限公司

版　次／2022 年 3 月第 1 版
印　次／2022 年 3 月第 1 次印刷
开　本／787×1092　1／16
字　数／200 千字
印　张／12.5(插页 10 页)

ISBN 978 - 7 - 5496 - 3733 - 1
定　价／68.00 元